**图书在版编目(CIP)数据**

茶经 / (唐) 陆羽著；卢安译注. -- 沈阳 : 沈阳出版社, 2025. 5. -- ISBN 978-7-5716-4505-2

Ⅰ. TS971.21

中国国家版本馆 CIP 数据核字第 20247BR264 号

**出版发行**：沈阳出版发行集团 | 沈阳出版社

（地址：沈阳市沈河区南翰林路 10 号　邮编：110011）

**网　　址**：http://www.sycbs.com

**印　　刷**：三河市兴达印务有限公司

**幅面尺寸**：155mm × 220mm

**印　　张**：18.75

**字　　数**：200 千字

**出版时间**：2025 年 5 月第 1 版

**印刷时间**：2025 年 5 月第 1 次印刷

**责任编辑**：代雪华　李　霞

**装帧设计**：三石工作室

**责任校对**：毕玉良

**责任监印**：杨　旭

**书　　号**：ISBN 978-7-5716-4505-2

**定　　价**：68.00 元

**联系电话**：024-62564943　24112447

**E - mail**：sy24112447@163.com

# 前　言

《茶经》是我国乃至世界现存最早、最完整、最全面介绍茶的第一部专著，被誉为“茶叶百科全书”，由我国茶道奠基人陆羽所著，是陆羽对人类的一大贡献。此书是一部关于茶叶生产的历史、源流、现状、生产技术以及饮茶技艺、茶道原理的综合性论著，是一部划时代的茶学专著。它不仅是一部精辟的农学著作，也是一部阐述茶文化的书。它将普通茶事升格为一种美妙的文化盛事，直接推动了我国茶文化的发展。

陆羽（733—804），字鸿渐，唐朝复州竟陵人，就是现在湖北天门人，一名疾，字季疵，号竟陵子、桑苎翁、东冈子，又号“茶山御史”。陆羽是唐代著名茶学家，被誉为“茶仙”，被尊为“茶圣”，祀为“茶神”。在世界茶文化的发展史上，陆羽具有无与伦比的地位，由于他及其一大批文人学士的积极倡导和亲自实践，饮茶才得以在中唐以后迅速得到普及。

《茶经》分为上中下三卷。上卷为：一之源、二之具、三之造。中卷为：四之器。下卷为：五之煮、六之饮、七之事、八之出、九之略、十之图。

在《茶经》中，陆羽除了全面介绍茶区分布、茶叶生长、种植、采摘、制造、品鉴外，还记载了许多名茶的首次发现，这大大增强了茶叶的品种和类型。

《茶经》是唐代和唐以前有关茶叶科学知识和实践经验的系统总结。陆羽潜心研究、笃行不倦、不畏艰难的所作所为，也是古代茶人勤奋读书、刻苦学习、潜心求索、百折不挠精神的体现。

《续茶经》成书于1734年，四库全书录入。《续茶经》全书七万余字，作者从西汉至清代正史、野史、方志、笔记及茶叶专著等各种典籍中，共征引一千零五十三则茶文化史料。其体例依照《茶经》，也分为上、中、下三卷，目次亦与《茶经》相同。作者陆廷灿，清代人，字扶照，自号幔亭，出生于江苏嘉定（今上海嘉定）的一个好善乐施之家。陆廷灿酷爱饮茶，曾出任崇安（今福建武夷山市）县令，崇安为出产武夷茶的地方。为官之余即有续写《茶经》的打算。任期满后，陆廷灿回家休养，着手编撰《续茶经》，历经十余年，终于在雍正十二年（1734），完成此书。

陆羽所著《茶经》不仅奠定了我国茶业发展的基础，也为中华茶文化的发展奠定了深厚的理论基础。如果说《茶经》是以世界第一部茶叶专著而闻名天下，那么《续茶经》对于我国茶艺、茶文化、茶经济的影响依然深远，特别是对具有武夷山独特自然环境的福建茶业发展起到了积极的推动作用。

本书包括《茶经》全本、节选《续茶经》卷下之上的《六之饮》和卷下之中《七之事》两部分原文。编者在考证现存各种《茶经》版本的基础上，对原文做了认真校注和精确解读。希望这本用现代眼光解读的茶文化读本能给广大读者带来不一样的阅读体验。

# 目　录

# 卷　上

## 一之源

茶[①]者，南方[②]之嘉木[③]也。一尺[④]、二尺乃至数十尺。其巴山峡川[⑤]，有两人合抱者，伐而掇[⑥]之。其树如瓜芦[⑦]，叶如栀子[⑧]，花如白蔷薇[⑨]，实如栟榈[⑩]，蒂[⑪]如丁香[⑫]，根如胡桃[⑬]。（瓜芦木，出广州[⑭]，似茶，至苦涩。栟榈，蒲葵[⑮]之属，其子似茶。胡桃与茶，根皆下孕[⑯]，兆[⑰]至瓦砾[⑱]，苗木上抽。）

【注释】

① 茶：一种多年生山茶科植物，包括乔木型、半乔木型和灌木型。茶树叶呈椭圆或长圆形，嫩叶经过加工，可制成人类饮用的茶叶。

② 南方：唐朝贞观元年，国土划分为十个地区，古时南方包括山南地区、淮南地区、江南地区、剑南地区、岭南地区，类似现在以秦岭淮河以南为南方的划分方式。

③ 嘉木：形容品质优秀、外形美好的树木。

④ 尺：古代一种长度单位，与今天的“尺”不同。唐朝尺分大尺和小尺，人们通常使用大尺。唐朝大尺相当现在30厘米。

⑤ 巴山峡川：指如今四川东部、湖北西部地区。巴山是大巴山的简称。峡川，一般是指巫峡山，也就是巫山。

⑥ 掇：包括拾取、搬取、选取的意思。这里的意思是捡拾。

⑦ 瓜芦：又称为皋芦，一种生长在我国南方的树木，叶片与茶叶很像，味道极其苦涩。

⑧ 栀子：又称为黄栀子，夏季会开出洁白的花，并有浓郁香气，叶子呈长圆形，与茶叶相似。

⑨ 白蔷薇：属于蔷薇科落叶灌木。它枝叶茂密，枝上带有很多尖刺。一般会在春末夏初时开出类似茶花的花朵。

⑩ 栟榈：也就是棕榈树。它的果实和茶籽很像，稍微小些。

⑪ 蒂：指瓜、果等与茎枝连接的部分。

⑫ 丁香：一种常绿乔木。丁香叶片呈长圆形，花色淡红，并有浓郁的香气，果实为长球状。

⑬ 胡桃：是一种核桃科的深根植物，和茶树相似，他的主根系可以长到三米，不断向土壤深处延伸。

⑭ 广州：即现在的广东省广州市，别名羊城、花城。广州始建于公元前214年。最早建城时的名字叫任嚣城。

⑮ 蒲葵：一种生长在热带和亚热带地区的棕榈科植物，属

于常绿乔木，叶片较大，可以制成蒲扇。

⑯ 下孕：指植物根系不断往土壤深处延伸生长。

⑰ 兆：古代占卜时烧灼龟甲产生的裂纹。这里引申为种子生长力量大，撑裂地面。

⑱ 瓦砾：质地坚硬的砖头和瓦片。这里形容土层非常坚硬。

【解读】

茶树是我国南方的一种优质植物。它的高度不均等，有的只有一尺、二尺高，有的甚至可以达到几十尺高。在巴山峡川地区，生长有需要两个成年人才能合抱住的大茶树，要砍掉枝条才能采到茶叶。茶树的外形看上去很像瓜芦木，叶片与栀子树的叶片相近，花朵很像白色的蔷薇花，果实很像棕榈子，蒂很像丁香蒂，根则是和胡桃树根相似。（瓜芦木，主要生长在广州地区，样子与茶树相近，味道极其苦涩。棕榈树属于蒲葵类植物，种子很像茶籽。胡桃树和茶树的根系都向土壤深处生长，直到碰到坚硬土层，才会顶开土壤向上生长。）

其字，或从草，或从木，或草木并。（从草，当作“茶”，其字出《开元文字音义》①。从木，当作“𣘻”，其字出《本草》②。草木并，作“荼③”，其字出《尔雅》④。）

【注释】

①《开元文字音义》：唐玄宗开元二十三年编纂的一部字典，共有三十卷，但已经失传。

②《本草》：指唐高宗显庆四年，苏敬等二十三人奉命重新修订的《新修本草》，总共五十四卷，又被称为《唐本草》。

③ 荼：原本写作“荼”，但在《尔雅》中写作了“荼”。

④《尔雅》：是中国最早的一部的字典类书籍，总共包括十九篇，是考察研究词语词义和古代名物的重要资料。

【解读】

从“荼”的字形和部首来看，有的用草部首，有的用木部首，还有的草、木两部首都用。（如果用草部首，就应写成“荼”，这个字出现在《开元文字音义》中。如果用木部首，那么就写成“搽”，这个字出现在《唐本草》中。如果草、木两部首都用，那么就写成“荼”，这个字出现在《尔雅》中。）

其名，一曰荼，二曰槚[①]，三曰蔎[②]，四曰茗[③]，五曰荈[④]。（周公[⑤]云：“槚，苦荼。”扬执戟[⑥]云：“蜀西南人谓荼曰蔎。”郭弘农云：“早取为荼，晚取为茗，或一曰荈耳。”）

【注释】

① 槚（jiǎ）：原本是指楸树，属于落叶型乔木，又经常被用作茶叶的别名。

② 蔎：原本是一种香草的名称，在这里指茶叶的别名。

③ 茗：根据古籍文献记载，“茗”作为茶的别称起源于长江中下游地区，后来成为茶的主要别名之一。

④ 荈：这个称呼最早出现在西汉著名文学家司马相如的《凡将篇》中，西晋后便成了茶的别名，如今基本不再使用。

⑤ 周公：原名姬旦，周武王弟弟，因封地位于周地，即今陕西省岐山以北，因此被称为周公。周公还修改调整了商朝礼仪制度，也就是我们所说的“周礼”。

⑥ 扬执戟：即扬雄，也可以写作“杨雄”，字子云，西汉时期蜀郡成都（今四川省成都市）人。因他曾经担任过郎官，也就是宫门执戟守卫，因此人们又称他为扬执戟。

⑦ 郭弘农：即郭璞，字景纯，生于河东郡闻喜，今山西省闻喜。他因劝阻王敦谋反而遭陷害，等王敦事情平息后，他被追赠为弘农太守，因此后人都称他为郭弘农。

【解读】

茶的名字有很多：第一种为茶，第二种为槚，第三种为蔎，第四种为茗，第五种为荈。（周公曾说：“槚，就是苦荼。”扬雄曾说："西南方蜀地的人们将茶称为葰。"郭璞曾说："早采的茶称为荼，晚采的茶称为茗，也可以称为荈。"）

其地，上者生烂石[①]，中者生砾壤[②]，下者生黄土[③]。凡艺[④]而不实[⑤]，植而罕茂[⑥]。法如种瓜，三岁可采。野者上，园者次。阳崖[⑦]阴林[⑧]，紫者上，绿者次[⑨]；笋者上，牙者次[⑩]；叶卷上，叶舒次[⑪]。阴山坡谷[⑫]者，不堪[⑬]采掇[⑭]，性凝滞[⑮]，结瘕疾[⑯]。

【注释】

① 烂石：一种传说中的神奇石头。这里指破碎的小石头。

② 砾（lì）壤：指砂质土壤或者砂壤，土壤中含有没风化完全的碎石块和砂粒。

③ 黄土：即黄色土壤，主要分布在热带和亚热带潮湿地区，在中国南方和西南地区有分布。

④ 艺：原本指艺术、技能、才能。这里是种植、栽种的意思。

⑤ 实：有充足、富有的意思。这里表示结实，充满。

⑥ 植而罕茂：采用移栽的方法栽种茶树，很少会出现长得茂盛的情况。古代因此称茶为"不迁"。植，表示栽种、移栽。

⑦ 阳崖：形容朝向太阳的山崖或者山坡。

⑧ 阴林：茂密的树林。指树木众多，葱茏遮日的树林。

⑨ 紫者上，绿者次：紫色的茶叶品质最好，绿色次之。

⑩ 笋者上，牙者次：茶树的嫩芽肥硕，形状如竹笋，制成的茶品质最好；茶树嫩芽短小，成品茶的质量较差。

⑪ 叶卷上，叶舒次：新长出的叶子刚展开，叶片卷曲，品质最好；而那些叶片已经完全展开，叶片平直的，品质较差。

⑫ 阴山坡谷：指大山里不容易被太阳照到的斜坡，或者那些地势较低的凹地。

⑬ 不堪：原本指无法胜任，不能承担。这里表示不可以，不能够。

⑭ 采掇：有采摘、采集、搜集、拾取等意思。这里特指采摘。

⑮ 凝滞：停止流动。这里表示凝结积聚，不消散。

⑯ 瘕（jiǎ）疾：一种腹腔内出现结块的疾病。瘕，指腹腔中出现了肿块。

**【解读】**

茶树生长的土壤，最好是岩石充分风化后的烂石土壤，其次是含有碎石和有些黏性的土壤，土质松软的黄色黏土最差。如果栽种茶树时没将土壤踩实，那么茶树长得就不会茂盛。栽种茶树和种瓜一样，栽种完三年便可以采摘。茶叶品质，最好是在山野里自然生长的，人工在园圃栽种的稍差。在向阳山坡上，或者林荫下生长的茶树，芽叶为紫色是最好的，绿色稍差；茶树嫩芽肥硕长大、形状如笋为最好，嫩芽短细瘦小的较次；叶片卷曲的品质为好，平直舒展的质量较差。那些生长在背阴的山坡或者山谷里的茶树品质不好，不值得采收，因为它的性状凝结不散，人们饮用后容易导致腹中结块生病。

茶之为用，味至寒①，为饮，最宜精行俭德之人。若热渴、凝闷、脑疼、目涩、四支②烦③、百节不舒，聊④四五啜⑤，与醍醐⑥、甘露抗衡也。

【注释】

① 茶之为用，味至寒：茶叶的用途，味道寒凉。历代中医都认为差的寒凉之物，只是对寒凉轻重说法不同。

② 四支：这里的支同“肢”，表示四肢。

③ 烦：困乏，疲劳。形容身体疲乏无力。

④ 聊：有闲谈、聊天的意思。但这里表示稍微，略微。

⑤ 啜：品尝，喝，在这里表示饮用。

⑥ 醍醐：一种经过反复加工制成的奶制品，口感香甜。

【解读】

茶的功用，因为茶叶性质寒凉，作为饮品，最适合那些品行端正、节俭朴实的人饮用。如果出现发烧口渴、胸闷、头疼、眼干眼涩、四肢乏力、关节不畅，喝上几口茶，效果堪比喝了醍醐与甘露。

采不时[①]，造不精，杂以卉莽[②]，饮之成疾。茶为累[③]也，亦犹人参。上者生上党[④]，中者生百济、新罗[⑤]，下者生高丽[⑥]。有生泽州[⑦]、易州[⑧]、幽州[⑨]、檀州[⑩]者，为药无效，况非此者！设服荠苨[⑪]，使六疾[⑫]不瘳[⑬]。知人参为累，则茶累尽矣。

## 【注释】

① 不时：不适合的时间。这里表示在不适宜的时节采摘茶叶。

② 卉莽：对野草的美称，通常用来形容掺杂野草、草丛等。

③ 累：形容疲惫、劳累。这里表示麻烦、过失、祸害。

④ 上党：唐朝时期一个郡名，即今山西省长治市。

⑤ 百济、新罗：百济，古国名，在今朝鲜境内。新罗，古国名，在今朝鲜东南部。

⑥ 高丽：又称高丽王朝，是朝鲜半岛古代国家之一。

⑦ 泽州：隋开皇初设立。即今山西省晋城市。

⑧ 易州：隋开皇元年设立。即今河北省保定市易县。

⑨ 幽州：隋唐时北方的军事重镇。即今北京市北部地区。

⑩ 檀州：隋开皇十六年设立。即今北京市密云区一带。

⑪ 荠苨：一种形似人参的野果，味道甘甜，性质微凉，可当作药材。

⑫ 六疾：六种疾病，也就是寒疾、热疾、末疾、腹疾、惑疾和心疾。后来，人们也用“六疾”来泛指各种疾病。

⑬ 瘳：有治愈、损失的意思。这里特指疾病被治愈。

【解读】

如果茶叶采摘的时节不对，加工方法不精细，并且夹杂着野草，那么人们饮用后就会生病。茶叶对人的伤害就像人参。优质的人参产自上党，次等的人参产自百济、新罗，最差的人参产自高丽。那些产自泽州、易州、幽州、檀州地区的人参，作为药材没有任何药效，更不用说那些不如它们的了！人们如果误将荠苨当成人参服用，那么将会使疾病无法痊愈。了解了人参对人体的危害，茶对人的危害也就可想而知了。

# 二之具

籝①，一曰篮，一曰笼，一曰筥②。以竹织之，受五升③，或一斗④、二斗、三斗者，茶人负以采茶也。（籝，《汉书》⑤音盈，所谓“黄金满籝，不如一经”⑥。颜师古⑦云：“籝，竹器也，受四升耳。”）

## 【注释】

① 籯：指用竹片或者竹条编成的筐或者笼子等装东西的器物。

② 筥：利用竹片或者竹条编成的圆形盛放东西的器皿。

③ 升：在唐朝时期，一升大约相当于现在的0.6升。

④ 斗：十升为一斗。唐朝的一斗大约与现在的6升相等。

⑤《汉书》：继司马迁撰写《史记》之后，班固撰写了《汉书》，又名《前汉书》，是我国第一部纪传体断代史。主要记录了从西汉汉高祖元年，到新朝王莽地皇四年二百三十年的历史事件。包括十二篇本纪、八篇表、十篇志，以及七十篇传。

⑥ 黄金满籯，不如一经：留给子孙满满一筐黄金，不如教他们好好读一本经书。出自《汉书·韦贤传》。

⑦ 颜师古：名籀，字师古，京兆万年人，今陕西省西安人，是唐朝的训诂学家、语言文字学家、历史学家。

## 【解读】

籯，又被称为篮、笼或者筥。它是用竹条编织成的容器，可以装五升的茶，也有可以装一斗、二斗、三斗的，茶农会背着籯上山采茶。（籯在《汉书》中的注音为“盈”，有句俗话叫“黄金满籯，不如一经。”颜师古曾说：“籯，是一种竹制容器，可以盛装四升东西。”）

灶[1]，无用突[2]者。釜[3]，用唇口[4]者。

【注释】

① 灶：用砖石等材料搭建成，用来煮食物、烧开水的设备。这里特指烹煮茶叶的小炉灶。

② 突：烟囱。陆羽提倡茶灶不要带有烟囱，这样锅底的火力就会更加集中，以便更好地利用锅灶的热能。

③ 釜：古代用来煮饭的器具。这种器具的口径小，底部为圆形，两侧各有一个耳朵，通常是铜或陶土的材质。

④ 唇口：指的是器具口边沿向外翻出，凸起的一道厚边。

【解读】

煮茶叶的小炉灶，不要使用带有烟囱的。釜，要使用口边沿向外翻出的锅。

甑[1]，或木或瓦，匪腰而泥[2]。篮以箄之[3]，篾以系之[4]。始其蒸也，入乎箄；既其熟也，出乎箄。釜涸，注于甑中。（甑，不带[5]而泥之[6]。）又以榖木枝三亚者制之[7]，散所蒸牙笋并叶，畏流其膏[8]。

【注释】

① 甑：古时候的一种炊器。口小圆底，底部有许多小孔，用来蒸煮食物，类似现在的蒸锅。

② 匪腰而泥：用泥将形状像筐的甑与釜的连接处封住。匪，同“筐”，一种盛放东西的圆形竹器。

③ 篮以箄之：篮子状的竹箅子放在甑里。箄，古代盛装食物的圆形竹制容器，在这是指用来蒸食物的竹箅子。

④ 篾以系之：利用薄竹片系在箄的两边，方便拿出。

⑤ 带：泛指窄且长的条状物。这里是捆绑，捆系的意思。

⑥ 泥之：利用稀泥或者类似稀泥的东西涂抹密封住。

⑦ 以榖木枝三亚者制之：用带有三个枝桠的榖木制成的叉状工具。亚，同“桠”，树的枝丫。榖木，即构树。

⑧ 膏：本义指溶化的油脂。这里指流出的黏稠汁液。茶叶的精华全部蕴含在它的膏汁之中。

【解读】

甑，可以用木头制作，也可以使用陶土制作，形状如筐的甑与釜的连接处要用泥巴封住。在甑内放置一个有壁的竹篮形状的箄，利用薄竹片系在箄上。开始蒸的时候，将茶叶均匀铺满箄里；等蒸熟了，再将茶叶从箄中倒出。锅中水蒸干后，从甑中加水进去，甑在涂抹泥巴时不要完全涂满。另外，要用一根有三条丫杈的榖木做成的叉状器物翻动蒸煮的茶叶，将蒸好的茶芽、茶叶迅速摊开散热，避免茶叶液汁中的精华流失。

杵臼[①]，一曰碓[②]，惟恒用者佳。

【注释】

① 杵臼：杵和臼，用来捣磨粮食或者药材等的工具。

② 碓：原本指一种捣米的工具。这里指捣茶用的器具。

【解读】

杵臼，又称为碓，以经常使用的最好。

规，一曰模，一曰棬[①]。以铁制之，或圆，或方，或花。

【注释】

① 棬：利用曲木制作成的一种器具，与升或盂类似。

【解读】

规，又被称为模，或者棬，是用铁制成的，有圆形、方形和花形。

承，一曰台，一曰砧[①]。以石为之。不然，以槐、桑木半埋地中，遣[②]无所摇动。

【注释】

① 砧（zhēn）：在切东西时用来垫在底下的器具。

② 遣：原本是派，派出的意思。在这里表示使，让。

【解读】

承，人们又称它为台，或者砧，是用石头制成的。如果不想用石头制作，而是用槐木、桑木制作，就需要将下半截埋进土里，让它无法摇动。

檐[①]，一曰衣。以油绢[②]或雨衫[③]、单服[④]败者为之。以檐置承上，又以规置檐上，以造茶也。茶成，举而易之。

【注释】

① 檐：放在砧板上，用来隔开砧板和茶饼，使茶饼方便拿起的布。

② 油绢：用桐油或其他干性油涂抹过的丝织品。

③ 雨衫：下雨时穿的衣服，可以防止被雨水淋湿，即雨衣。

④ 单服：形容非常单薄，只用一层布料制作的衣服。

【解读】

襜，又被称为衣，是由油绢或者破烂的雨衣、单衣制成。先把襜放在承上，再把规放在襜上，用来制作压实的茶饼。等茶饼制作成功后，拿起来再制作另一个。

芘莉[①]（音杷离），一曰籯子[②]，一曰篣筤[③]。以二小竹，长三尺，躯二尺五寸，柄五寸。以篾织方眼，如圃人[④]土罗[⑤]，阔二尺，以列茶也。

【注释】

① 芘莉（pí lì）：芘和莉是两种野草的名字，这里是指用野草编成的一种晾晒捣拍好的茶饼的工具。

② 籯子：一种类似竹筐或者竹笼用来盛放东西的竹器。

③ 篣筤：篣和筤是两种竹子的名字。这里指用竹子编成的一种列茶器具，与笼、盘、箕类似。

④ 圃人：指那些从事蔬菜种植的农民。

⑤ 土罗：一种筛土用的筛子。人们用土罗筛选出细腻的土壤。

【解读】

芘莉（读音为“杷离”），人们又称它为籯子，或者篣筤。

利用两根三尺长的小竹竿，留出二尺五寸制成躯干，剩下的五寸做成柄。用很薄的竹片在两根竹竿中间编织成宽二尺的方形眼网，就像人们种菜时用的筛子，用来盛放茶饼。

棨[①]，一曰锥刀。柄以坚木为之，用穿茶也。

【注释】

① 棨：原指木头制成的戟状物。这里指在茶饼中心钻孔的锥刀。

【解读】

棨，人们又称它为锥刀。它的手柄是用木质坚实的木材制成，用来给做好的茶饼穿孔。

扑[①]，一曰鞭。以竹为之，穿茶以解[②]茶也。

【注释】

① 扑：这里指用来穿茶饼的绳子或者竹条。
② 解：原指分开，打开。而这里表示发送、输送的意思。

【解读】

扑，人们又称为鞭，是用竹条制成的。扑是用来给茶饼穿成串的，方便后面搬运。

焙[①]，凿地深二尺，阔二尺五寸，长一丈。上作短墙，高二尺，泥之。

【注释】

① 焙（bèi）：形容用微弱的火烘烤。这里是指烘烤茶饼的烘焙炉。焙茶又称制茶（炒茶）即用温火烘茶，是古代的一种制茶技术。

【解读】

焙，是在地面挖掘一个深约二尺、宽约二尺五寸、长约一丈的坑。在坑的上面砌上高约二尺的矮墙，并且涂抹上泥巴。

贯[①]，削竹为之，长二尺五寸。以贯茶焙之。

【注释】

① 贯：指用来贯穿茶饼便于焙茶的长竹条。

【解读】

贯，利用竹子削制而成，大约二尺五寸长。烘焙茶饼的时候用来贯穿茶饼。

棚，一曰栈。以木构于焙上，编木两层，高一尺，以焙茶也。茶之半干，升下棚；全干，升上棚。

【解读】

棚，又称为栈。它是放在焙上的一种分为两层的木架，高约一尺，用来烘烤茶饼。如果茶饼半干的时候，那么就放置在棚的下层；如果茶饼全干的时候，那么就放在棚的上层。

穿①（音钏），江东②、淮南③剖竹为之；巴川峡山④，纫⑤穀皮为之。江东以一斤为上穿，半斤为中穿，四两、五两为小穿。峡中⑥以一百二十斤为上穿，八十斤为中穿，五十斤为小穿。字旧作钗钏⑦之“钏”字，或作贯串。今则不然，如“磨、扇、弹、钻、缝”五字，文以平声⑧书之，义以去声呼之，其字，以“穿”名之。

【注释】

① 穿（chuàn）：一种用来串联制好的茶饼的绳索状工具。

② 江东：指唐朝时期的江南东道，相当于如今江苏省南部和浙江、福建两省地区。

③ 淮南：即淮南道，指淮河以南、长江以北，东临海域，西至湖北广水、应城、汉川等地的地区。

④ 巴川峡山：古代指渝东，今重庆东部和湖北西部两地，现在则指从湖北宜昌一直到重庆奉节的三峡两岸地区。

⑤ 纫：捻线，搓绳。生活在巴川峡山地区的人们会将榖树皮搓捻成绳，用来穿茶饼。

⑥ 峡中：指的是位于湖北和重庆境内的三峡地区。

⑦ 钗钏：指钗簪和臂镯。也泛指女人的饰品。

⑧ 平声：古汉语四声的第一声。

【解读】

穿（读音是“钏”）。在江东和淮南地区，都是用竹子劈开制成；而巴川峡山一带，则是用榖树皮搓捻制成。江东地区将一串一斤重的茶称为上穿，半斤的称为中穿，四五两的称为小穿。峡中地区则是将120斤的称为上穿，80斤重的称为中穿，50斤重的称为小穿。“穿”字，以前写成“钗钏”的“钏”，或者写成“贯串”的“串”。但现在不这样了，就像“磨、扇、弹、钻、缝”这五个字，在文章中写成平声字的字形，读起来时是去声表示动词意义，这里把它称为“穿”。

育[①]，以木制之，以竹编之，以纸糊之。中有隔，上有覆，下有床，傍有门，掩一扇。中置一器，贮塘煨[②]火，令煴煴[③]然。江南梅雨时[④]，焚之以火。（育者，以其藏养为名。）

【注释】

① 育：这里指用来储藏饼茶的容器。

② 煻煨：指还没有完全熄灭的热灰，可以用来烧熟东西。

③ 煴煴：火烧得不旺，火焰不明显，形容火比较微弱。

④ 江南梅雨时：江南地区到了农历四五月就会阴雨连绵，极其潮湿，恰好正逢梅子成熟，因此被称为“梅雨时节”。

【解读】

育，古代一种储藏茶饼的容器，是先利用木头制成框架，用很薄的竹片编织出外围，再用纸糊起来。中间是隔开的，上面有盖子，下面有个托盘，旁边还有个小门，并且还有一扇门遮挡着。在育的中间放一个器皿，里面装有热灰，让微火慢慢地燃烧。在江南地区的梅雨时节，气候特别潮湿，就需要点燃明火来保温。“育”这个名字，是因为它有保藏茶饼的作用得来的。

# 三之造

凡采茶，在二月、三月、四月之间①。茶之笋者，生烂石沃土，长四五寸，若薇蕨②始抽，凌露③采焉。茶之芽者，发于蘖薄[4]之上，有三枝、四枝、五枝者，选其中枝颖拔[5]者采焉。其日，有雨不采，晴有云不采。晴，采之、蒸之、捣之、拍之、焙之、穿之、封之，茶之干矣[6]。

### 【注释】

① 凡采茶，在二月、三月、四月之间：唐朝历法的二月、三月、四月相当于现在阳历的三月到五月中下旬，基本和现在的农历相同。在这时期，我国茶农正忙着采摘春茶。

② 薇蕨：是薇和蕨两种植物的名字。在这里比喻刚发芽的茶叶。

③ 凌露采焉：指在清晨，茶树上还有露珠的时候采摘茶叶。

④ 蘩薄：形容植被茂盛葱茏，郁郁葱葱的样子。

⑤ 颖拔：形容直立、高耸、挺拔，还有聪明超群的意思。

⑥ 茶之干矣：茶叶就算是制作好了。干，表示做好。

### 【解读】

采茶的时间一般都是在二月、三月、四月之间。茶树嫩芽肥硕长大，形状如笋，生长在岩石充分风化的肥沃土壤中，高度可以达到四五寸，看上去就像蔷薇和蕨刚刚冒出土壤的嫩芽，要趁露水还挂在茶叶上的时候采摘。而那些嫩芽短小，生长在茂密的草木中，有三枝、四枝、五枝的新梢，要选择其中生长得笔直挺拔的采摘。如果当天下雨就不采，晴天有云也不采摘。只有当天气晴朗、万里无云的时候才可以采摘。采摘下来的嫩芽要经过蒸、捣、拍、烘、穿、包等程序，茶叶才算制作完成。

茶有千万状，卤莽而言①，如胡人靴②者，蹙③缩然；京锥文也④。犎牛⑤臆⑥者，廉襜然⑦；浮云出山者，轮囷⑧然；轻飙⑨拂水者，涵澹⑩然；有如陶家之子⑪，罗膏土以水澄泚⑫之；谓澄泥⑬也。又如新治地者，遇暴雨流潦之所经。此皆茶之精腴。有如竹箨⑭者，枝干坚实，艰于蒸捣，故其形籭簁⑮然。上离下师。有如霜荷者，茎叶凋沮⑯，易其状貌，故厥状委悴⑰然。此皆茶之瘠老者也。

【注释】

① 卤莽而言：卤莽，原意是荒地上的野草。这里的“卤”，通“鲁”，粗鲁。表示粗略、大致地说。

② 胡人靴：中国古代北部和西部非汉族人们穿的长筒靴。

③ 蹙：原本指紧迫，迫切。这里形容紧皱，收缩。

④ 京锥文也：箭头上刻着的花纹，或者用大钻子刻出的线纹。

⑤ 犎牛：一种野牛，它的颈部和肩膀后面的肉块凸起。

⑥ 臆：表示没有根据，主观的。在这里则是指胸部。

⑦ 廉襜然：就像边沿的布帘有起伏。廉，边沿。襜，帘子

或围裙。

⑧ 轮囷：形容盘绕聚拢的样子。囷：回旋，聚集。

⑨ 轻飙：原本指风势突然变得迅猛。但这里指轻风、微风。

⑩ 涵澹：水波轻轻荡漾的样子。表示水波轻动的情景。

⑪ 陶家之子：陶匠，指那些从事烧制陶器工作的人。

⑫ 澄泚：沉淀液体中的杂质，使水变得清澈。泚，清澈，纯净。用水来澄清。这里指和茶叶有关的澄清方法。

⑬ 澄泥：过滤浑浊物质中的杂质。这里指制陶师傅淘洗的泥土。

⑭ 箨：竹笋皮，也就是笋壳，包裹在竹笋外面的叶子。

⑮ 簏簁（shāi shāi）：竹筛子。簏，同“筛”，竹筛，筛去粗物，保留细物。簁：竹筛子。

⑯ 凋沮：原本形容植物的凋谢枯萎。这里表示衰败，稀疏的意思。

⑰ 委悴：委，通“萎”；悴，憔悴。形容植物枯萎干缩，也形容憔悴。这里形容枯萎干瘪。

## 【解读】

茶饼的形状有千万种，简单地说，有的像胡人靴子，皮面布满褶皱；就像是用大钻子刻画出来的纹路。有的很像犎牛胸部，有细微的褶皱；有的看上去很像浮云缠绕山川；有的很像轻风拂过水面，泛起层层涟漪；有的像陶匠筛过后的细土，再利用水进行沉淀出的泥膏那么光滑细腻；陶匠淘洗陶土称为澄泥。有的又很像新整理的土地，被水流冲刷出高低不平的痕迹。这些都是精美的上等茶叶。有些茶叶很像竹笋的外壳，枝梗坚硬，很难蒸熟捣烂，因此制成的茶饼很像坑坑洼洼的罗筛。还有一些茶叶很像深秋经过霜打过的荷叶，茎叶凋零败坏，失去了本来的形状和面貌，因此制成的茶饼看起来干瘪憔悴。这些都是贫瘠、粗老的坏茶。

自采至于封七经目，自胡靴至于霜荷八等。或以光黑平正言嘉者，斯鉴之下也；以皱黄坳垤[①]言佳者，鉴之次也；若皆言嘉及皆言不嘉者，鉴之上也。何者？出膏者光，含膏者皱；宿制[②]者则黑，日成者则黄；蒸压则平正，纵之[③]则坳垤。此茶与草木叶一也。茶之否臧[④]，存于口诀。

## 【注释】

① 坳垤：形容表面高低不平，这里特指茶饼表面凸凹不平。

② 宿制：指在制作过程中隔一夜再进行烘焙的工艺步骤。

③ 纵之：指蒸压得不够紧实。形容做事情敷衍，不认真。

④ 否臧：指善恶、优劣。否：恶，坏。臧：好、优。

【解读】

从茶叶的采摘到封装，需要经过七道工序，从像胡人靴子褶皱的样子到类似经过霜露拍打过的荷叶枯萎样子，总共有八个等级。有人将光亮、黑色、平整的茶叶看作好茶，这是下等的鉴别方法；将那些皱缩、黄色、表面凹凸不平的茶叶看作好茶，这是次等的鉴别方法；如果能指出茶叶的优点，又能说出茶叶的缺点，这才是最好的鉴别方法。这是为什么呢？因为挤压出茶叶汁水的看起来就光亮，含有茶叶汁水的就会皱缩；隔夜制作成的茶叶颜色会变黑，当天制作成的颜色会是黄色；蒸熟后压得紧实的就表面平整，而压得不紧实的就会凹凸不平。这就是茶叶和草木叶子的共同特点。茶叶品质的优劣，另有一套口诀帮助鉴别。

# 卷 中

## 四之器

| | | | | |
|---|---|---|---|---|
| 风炉（灰承） | 筥 | 炭挝 | 火筴 | 鍑 |
| 交床 | 夹 | 纸囊 | 碾（拂末） | 罗合 |
| 则 | 水方 | 漉水囊 | 瓢 | 竹筴 |
| 鹾簋（揭） | 熟盂 | 碗 | 畚 | 札 |
| 涤方 | 滓方 | 巾 | 具列 | 都篮① |

### 【注释】

① 风炉（灰承）……都篮：上面所述都为茶器的名称。这里总共列出二十五种茶器。其中：罗合，“罗”为筛茶末用的细眼筛子，“合”为存茶末的盒子，“则”指用海贝、蛎蛤的壳或铜、铁、竹制成的量匙；鹾簋（cuó guǐ），是盛盐的器皿。

### 【解读】

风炉（灰承）筥　　炭挝　　火筴　　鍑

| | | | | |
|---|---|---|---|---|
| 交床 | 夹 | 纸囊 | 碾拂末 | 罗合 |
| 则 | 水方 | 漉水囊 | 瓢 | 竹筴 |
| 鹾簋揭 | 熟盂 | 碗 | 畚 | 札 |
| 涤方 | 滓方 | 巾 | 具列 | 都篮 |

## 风　炉（灰承）

风炉，以铜、铁铸之，如古鼎[①]形。厚三分，缘阔九分，令六分虚中，致其杇墁[②]。凡三足，古文[③]书二十一字：一足云“坎上巽下离于中[④]”，一足云“体均五行去百疾[⑤]”，一足云“圣唐灭胡[⑥]明年铸”。其三足之间，设三窗，底一窗以为通飙[⑦]漏烬之所。上并古文书六字：一窗之上书“伊公[⑧]”二字，一窗之上书“羹陆”二字，一窗之上书“氏茶”二字，所谓“伊公羹、陆氏茶”也。置墆埠[⑨]于其内，设三格：其一格有翟[⑩]焉，翟者，火禽也，画一卦曰离；其一格有彪[⑪]焉，彪者，风兽也，画一卦曰巽；其一格有鱼焉，鱼者，水虫[⑫]也，画一卦曰坎。巽主风，离主火，坎主水，风能兴火，火能熟水，故备其三卦焉。其饰，以连葩、垂蔓、曲水、方文[⑬]之类。其炉，或锻铁[⑭]为之，或运泥为之。其灰承，作三足铁柈[⑮]抬[⑯]之。

【注释】

① 鼎：古代一种器物，通常是三足两耳，商周时期盛行。

最初用来盛装或煮食物，后来成为宗庙祭祀或记录功绩的礼器。

② 杇墁（wū màn）：这里指在风炉内壁涂刷一层泥。

③ 古文：上古时期的文字。这里指甲骨文、金文、籀文以及战国时在六国通行的文字。

④ 坎上巽（xùn）下离于中：坎、巽、离都是《周易》中的卦象名称。坎代表水，巽代表风，离代表火。在煮茶时，将水放入上面的锅中，风从炉底进入炉里，帮助火焰燃烧更旺。

⑤ 体均五行去百疾：古人认为，人身体各脏器与五行相对，五行全具并且充足便可以治疗各种疾病。

⑥ 圣唐灭胡：指唐代宗广德元年完全平定了安禄山、史思明等人长达八年的叛乱。

⑦ 飙（biāo）：风，疾风。也形容性格狂暴，速度极快。

⑧ 伊公：对商朝大臣伊尹的尊称。据说他是商汤妻子的陪嫁奴隶，他用烹调之道来比喻治国之理向商汤提出建议，得到商汤重用。商汤称王后他又用“以鼎调羹”和“调和五味”的理念帮助商汤治理天下。

⑨ 墆㙞（dì niè）：放炉膛内用来架锅的炉箅子。墆，底，底部。㙞，小山，小土堆。

⑩ 翟（dí）：一种长着长尾巴的野鸡，又叫雉。在古代，国人认为野鸡是一种火属性的禽类。

⑪ 彪：小老虎。在古代，国人都认为虎是风属性的兽类。

⑫ 水虫：水虫指的是在水中生活的动物。

⑬ 连葩、曲水、方文：连葩，环绕一起的花朵图纹。垂蔓，下垂的树枝藤条图纹。曲水，蜿蜒曲折的水波纹。方文，几何形花纹。

⑭ 锻铁：指的是锻造捶打生铁，用来制作熟铁。

⑮ 柈（pán）：同“盘”。盘子，用来盛放东西的器具。

⑯ 台：由光滑平整的表面、腿或者其他支撑物固定起来的类似台的物件。

## 【解读】

风炉是由铜或铁铸造而成，外形与古鼎相近。炉壁厚度大约三分，炉口边缘宽度大约九分，向炉腔内留出约六分空间，风炉内壁涂抹有泥土。风炉底部有三足，足上刻有古文，共二十一个字；一足上刻着“坎上巽下离于中”，一足上刻着“体均五行去百疾”，一足上刻写着“圣唐灭胡明年铸”。在三足之间有三个小窗口，炉底有一个洞口用来通风和漏灰。这三个窗口上刻写着六个古老文字：一个窗口上刻着“伊公”二字，一个窗口上刻着“羹陆”二字，一个窗口上刻着“氏茶”二字，连起来就是“伊公羹、陆氏茶”。炉膛内放置有架锅用的炉箅子，上面分成三格：一格上画有一只翟，因为翟属于火禽，因此刻画一个离卦；一格上画有一只彪，因为彪属于风兽，因此刻画一个巽卦；一格上画有一条鱼，因为鱼属于水虫，因此刻画一个坎卦。“巽”代表风，“离”代表火，“坎”代表水，风可以帮助火燃烧更旺，火可以把水煮沸，所以需要这三个卦。风炉身上装饰有环绕的花卉、枝蔓、水纹和方形花纹等图案。风炉有的是用铁铸造的，也有利用泥土烧制成的。灰承，有三只脚的铁盘，用来承接炉灰。

## 筥[①]

筥，以竹织之，高一尺二寸，径阔七寸。或用藤，作木楦[②]如筥形织之，六出[③]圆眼。其底盖若利箧口，铄之。

### 【注释】

① 筥（jǔ）：一种用竹条竹片编织成的圆形装东西的器皿。

② 楦（xuàn）：指填塞物体中空部分的模具。这里指在制作筥前要先制作好筥形木制模具。

③ 六出：花朵开出六片花瓣，或者雪花有六角都被称为六出。这里指用竹条编织的六角形孔洞。

④ 利箧（qiè）：利用小且薄的竹片编织成的长方形竹箱。

⑤ 铄（shuò）：这里是将竹筥底部削得光滑平整。

### 【解读】

筥是利用竹子编织而成的，高度为一尺二寸，直径约七寸。筥也有利用藤条编织的，先制作好筥形的木制模架，再利用藤条在外面编织出一个六角形的眼洞。筥的底部和盖子就像小竹箱子的口，需要削得平整光滑。

## 炭挝[1]

炭挝，以铁六棱制之。长一尺，锐上丰中[2]，执细。头系一小镊[3]以饰挝也，若今之河陇[4]军人木吾[5]也。或作锤，或作斧，随其便也。

### 【注释】

① 炭挝：一种六棱形铁棒制成的茶具，用来敲碎炭块。

② 锐上丰中：指炭挝的顶端部分比较细，中间部分比较粗。

③ 镊：炭挝头部的灯盘状装饰物。

④ 河陇：唐朝时期的陇右道河州和关内道陇州。现在指甘肃省临夏市附近和陕西省宝鸡市陇县。

⑤ 木吾：木棒的别名。吾，同“御”，抵御，防御。

### 【解读】

炭挝是一种古代煮茶需要用到的工具，用六棱形的铁棒做成。长度约为一尺，顶部尖，中间较粗，手柄处较细。手柄那头套有一个灯盘形的装饰物，类似于现在河西和陇右地区军人使用的木棒。有的炭挝会做成锤子的形状，有的做成斧头的形状，根据不同需要形状也不同。形制和用法各地略有不同。

## 火筴

火筴，一名箸[①]，若常用者，圆直一尺三寸。顶平截，无葱台、勾锁之属[②]。以铁或熟铜制之。

【注释】

① 箸：筷子。这里指火钳，一种形似筷子，用来夹炭火的工具。

② 无葱台、勾锁之属：没有葱台、勾锁这类装饰物。

【解读】

火筴，又叫作箸，就是平常人们用来取火的火钳，呈圆直形，长度约为一尺三寸，顶端平齐，并且没有像葱台、勾锁那样复杂的装饰，通常是由铁，或者熟铜制成。

## 鍑[①]（音辅，或作釜，或作鬴）

鍑，以生铁为之。今人有业冶者，所谓急铁[②]，其铁以耕刀之趄[③]炼而铸之。内模土而外模沙[④]。土滑于内，易其摩涤；沙涩于外，吸其炎焰。方其耳，以正令也。广其缘，以务远也[⑤]。长其脐，以守中也[⑥]。脐长，则沸中[⑦]；沸中，则末[⑧]易扬；末易扬，则其味淳也。洪州[⑨]以瓷为之，莱州[⑩]以石为之。瓷与石皆雅器也，性非坚实，难可持久。用银为之，至洁，但涉于侈丽[⑪]。雅则雅矣，洁亦洁矣，若用之恒，而卒归于银也[⑫]。

【注释】

① 鍑（fǔ）：古代一种口很大的锅。鬴：同“釜”，锅。

② 急铁：利用废旧铁器经过再次冶炼捶打而成的铁制品。

③ 耕刀之趄（qiè）：损坏到无法继续使用的犁头。耕刀，犁头。

④ 内模土而外模沙：鍑的内模用土制作，外模用沙子制作。

⑤ 广其缘，以务远也：鍑口的边沿要宽一些，这样才能让火力覆盖全鍑。

⑥ 长其脐，以守中也：鍑脐部分需要做得突出一点，只有这样才能使火力更加集中。

⑦ 脐长，则沸中：鍑脐部分突出，这样水煮沸位置才能集中在鍑的中心。

⑧ 末：最后，尾端，细碎的东西。这里指细碎的茶叶末渣。

⑨ 洪州：是唐朝时期江南道和江南西道的所属州，也就是

现在的江西省南昌市，这里自古就以产出褐色名瓷闻名。

⑩ 莱州：唐朝时期的州名，从汉朝的东莱郡演变而来。今山东省莱州市。

⑪ 侈丽：形容奢华美丽，奢侈漂亮。也可以形容言语华丽。

⑫ 而卒归于银也：最终还是用银制作的鍑好。

## 【解读】

鍑是用生铁制造的。生铁就是如今从事冶炼之人所说的“急铁”，它是利用一些已经破损得无法再次使用的犁头之类的农具炼铸而成的。铸鍑的时候，模具内部要涂抹上泥巴，模具外壁要涂抹上沙子。内壁涂抹泥巴是因为土质细腻光滑，容易清洗；外壁涂抹沙子是因为沙质粗糙，可以使外壁变得更加粗糙，方便吸收火焰热量。锅耳要做成方形，使整体更加端正。鍑口边沿要做得宽一些，这样才能使火力涵盖到全鍑。鍑脐部分要做得突出，以便火力可以集中。如果鍑脐部分突出，那么水煮沸时沸腾位置就会集中在中心；如果水在中心沸腾，那么细碎的茶末就容易沸扬；如果茶末沸扬，那么煮出的茶叶味道就会更加淳厚。洪州地区用瓷制作鍑，莱州地区用石头制作鍑。瓷鍑和石鍑都是高雅别致的器具，但是不够坚固，很难使用长久。利用银制作的鍑，干净整洁，但是稍显得奢侈华丽了。高雅固然高雅，清洁确实清洁，但如果想长时间使用，那么最好还是使用银制的。

## 交 床[①]

交床，以十字交之，剜中令虚，以支鍑也。

【注释】

① 交床：也称为胡床，一种可以折叠并带靠背的座椅。这里指用来放置鍑的支架。

【解读】

交床，将木头交叉摆成十字形木架，中间挖空，放置茶鍑。

## 夹

夹，以小青竹为之，长一尺二寸。令一寸有节，节已上剖之，以炙茶也。彼竹之筱[①]，津润于火，假其香洁以益茶味[②]，恐非林谷间莫之致。或用精铁、熟铜之类，取其久也。

【注释】

① 筱（xiǎo）：竹子的别称。这里指细小的竹子。

② 津润于火，假其香洁以益茶味：将细小的青竹放在火上炙烤，不久表面就会渗出干净的竹液和清香的气味，增加茶香。

【解读】

茶夹，用小青竹制成的茶具，长度一尺二寸。选择一根一寸处长有竹节的竹子，从竹节以上剖开，用来夹住茶饼进行炙烤。这样的小青竹在火上烤时，表面会冒出干净的竹液和清香的香气，这能增添茶的香味。但如果不在山林中烤茶，很难弄到这种细小的青竹。也有利用精铁或者熟铜等材料制作茶夹的，以确保经久耐用。

## 纸 囊

纸囊，以剡藤纸[①]白厚者夹缝之，以贮所炙茶，使不泄其香也。

【注释】

① 剡（shàn）藤纸：因产于剡县（今浙江省嵊州市）得名。剡藤纸薄而且轻，质地坚韧细腻，色泽洁白。

【解读】

纸囊，用两层颜色洁白、质地厚实的剡藤纸缝制而成，用来储放已经烘焙好的茶叶，可以让茶香不流失。

## 碾（拂末[①]）

碾，以橘木为之，次以梨、桑、桐、柘[②]为之。内圆而外方。内圆，备于运行也；外方，制其倾危也。内容堕而外无余木。堕[③]，形如车轮，不辐而轴焉[④]。长九寸，阔一寸七分。堕径三寸八分，中厚一寸，边厚半寸，轴中方而执圆[⑤]。其拂末，以鸟羽制之。

【注释】

① 拂末：一种用来清扫碾中细碎粉末的工具，材料是鸟类羽毛。

② 柘（zhè）：树木名称，即柘木。柘木叶片木质紧密坚韧，是一种贵重木料，木汁可用来做一种赤黄色的染料，叶片可以喂蚕。

③ 堕：原本是落、掉。这里表示用木头制成的碾轮、碾磙子。

④ 不辐而轴焉：没有辐条但有车轴。辐，辐条。轴，轮轴。

⑤ 轴中方而执圆：轴中间部分为方形，而手握部分是圆柱形。

【解读】

茶碾，橘木做得最好，其次是用梨木、桑木、桐木、柘木。碾的内部为圆形，外部为方形。内部做成圆形，方便运转；外面做成方形，是为了防止倾倒。碾槽里放上碾轮后便没有空隙。木制碾轮形状和车轮很像，但没有辐条，中间直接安了轮轴。轴长九寸，宽一寸七分。木碾轮直径为三寸八分，中间厚度约为一寸，边缘厚度约半寸，轴中间部分为方形，手握部分为圆柱形。而拂末，则是用鸟类羽毛制成。

## 罗合[①]

罗末，以合盖贮之，以则[②]置合中。用巨竹剖而屈之，以纱绢[③]衣[④]之。其合，以竹节为之，或屈杉以漆之。高三寸，盖一寸，底二寸，口径四寸。

【注释】

① 罗合：用薄竹片编织成的茶筛和茶盒。罗，罗筛。合即盒，用竹节或者杉木制成，外面刷上油漆。

② 则：茶则。古代烹茶时用来量取茶叶放入汤中的量具。

③ 纱绢：指那种平整、不容易起皱、薄且结实的丝织品。

④ 衣：这里是覆盖的意思。用衣布在器物表面覆盖。

【解读】

将罗筛筛选出茶叶粉放入盒子里盖好盖子贮存，然后把茶则也放到盒子里。罗筛是用一根粗大的竹子从中间剖开并且弯成圆圈状，在底部安上一层纱布或绢布。盒子是用竹节制成，或者用杉树片弯曲成圆形再刷上油漆。盒子的高度大约为三寸，盖子高约一寸，底部高约二寸，直径约为四寸。

## 则

则，以海贝①、蛎蛤②之属，或以铜、铁、竹匕③策④之类。则者，量也，准也，度也。凡煮水一升，用末方寸匕⑤。若好薄者减之，嗜浓者增之，故云则也。

【注释】

① 海贝：一种生活在海洋沿岸的带壳软体动物。

② 蛎蛤：一种生活在浅海泥沙里的带壳软体动物。它的肉可以食用，味道极其鲜美。

③ 匕：古时用来吃饭或者量药的器具，形状类似今天的勺子。

④ 策：原本指竹子制成的马鞭。这里指竹片或者木片。

⑤ 方寸匕：形状为正方形，边长为一寸的小勺。

【解读】

则，用蛎蛤之类的海鲜贝壳，或者用铜、铁、竹制成的匕、策等器具。“则”是计量的标准和依据。通常说来，煮一升水时，用一寸正方形汤匙量取适量的茶末。如果喜欢清淡的茶，那么就减少茶末的用量；如果喜欢浓厚的茶，那么就增加茶末的用量。因此被称为“则”。

## 水方①

水方，以稠木②、槐、楸③、梓④等合之，其里并外缝漆之，受一斗。

【注释】

① 水方：储水工具，在煮茶或者煮水时用来装水的容器。

② 稠木：一种壳斗科的常绿乔木，木质坚硬，可存活百年而不朽，且在寒冷天气下也不凋零。

③ 楸：紫葳科的落叶乔木。它开白色的花，并带有紫色斑点，叶子呈三角状卵形或卵状椭圆形，木材质地坚韧耐湿，适合造船。

④ 梓：一种紫葳科的落叶乔木，开黄白色的花，木材质地比较柔软，耐腐蚀，适合做家具和乐器。

【解读】

水方，用椆木、槐木、楸木、梓木等木材制作，里面和外面的缝隙都涂刷上油漆，能装一斗的水。

## 漉水囊[1]

漉水囊，若常用者。其格，以生铜铸之，以备水湿，无有苔秽[2]腥涩[3]意。以熟铜苔秽，铁腥涩也。林栖谷隐[4]者，或用之竹木。木与竹非持久涉远之具，故用之生铜。其囊，织青竹以卷之，裁碧缣[5]以缝之，纽翠钿[6]以缀之，又作绿油囊[7]以贮之。圆径五寸，柄一寸五分。

【注释】

① 漉（lù）水囊：用来过滤水中杂质的袋子。漉，过滤。

② 苔秽：即熟铜苔秽。熟铜极易与氧气发生氧化反应，因为氧化物呈现绿色，与苔藓很类似因此得名，而且有毒。

③ 腥涩：即铁腥涩。铁也容易与氧气发生氧化反应，所生成的氧化物呈紫红色，闻起来有腥气，味道苦涩，对人体有害。

④ 林栖谷隐：指在山野森林中隐居。指过隐居生活的人。

⑤ 碧缣（jiān）：一种细腻的绢布，颜色青绿。缣，利用双股丝线织成的细绢。

⑥ 纽翠钿（diàn）：指的是在纽缀上加上翠钿作为装饰。

⑦ 绿油囊：指用绿油绢制成的袋子，可以防水。

【解读】

漉水囊，与平常用的过滤囊一样。它的框架是用生铜铸造，生铜被水打湿后不会产生类似苔藓的铜锈和铁腥味。因为熟铜很容易产生铜锈，铁也容易产生铁锈使水全是铁腥味。在山林里隐居的人，也有用竹子或者木头制作框架的。但是竹木制品都不耐用，而且不方便携带远行，所以还是选择用生铜铸造。过滤水的袋子，先用青竹薄丝编织成圆筒形，再裁剪出合适大小的青绿色细绢缝制，纽缀上加上翠玉作为装饰，再用防水的绿油绢做一个袋子存放漉水囊。漉水囊的直径大约五寸，柄的长度为一寸五分。

## 瓢

瓢，一曰牺杓[①]。剖瓠[②]为之，或刊木为之。晋舍人杜育[③]《荈赋》[④]云："酌之以匏。"匏[⑤]，瓢也。口阔，胫薄，柄短。永嘉[⑥]中，余姚[⑦]人虞洪入瀑布山采茗，遇一道士，云："吾，丹丘子[⑧]，祈子他日瓯牺之余[⑨]，乞相遗[⑩]也。"牺，木杓也。今常用以梨木为之。

【注释】

① 牺杓（sháo）：唐朝煎煮茶叶的时候用来舀水注汤的茶具，也就是瓢或者木勺的合称。杓，同“勺”，勺子。

② 瓠（hù）：一种草本植物，名叫瓠瓜，也就是我们常说的葫芦。

③ 杜育：字方叔，西晋时期襄城（今河南许昌市襄城）人，他曾经担任中书舍人、国子祭酒的官职。

④《荈赋》：西晋杜育所写，是我国最早的一部茶诗赋作品。

⑤ 匏（páo）：葫芦科属的一种植物，也就是通常说的匏瓜。

⑥ 永嘉：是西晋时期怀帝司马炽的年号。

⑦ 余姚：唐朝时期的州名，也就是现在的浙江省余姚市。

⑧ 丹丘子：指从丹丘仙乡而来的仙人。丹丘，神话传说中神仙们居住的地方，昼夜长明。

⑨ 瓯（ōu）牺之余：剩茶水。瓯牺，喝茶的杯子和勺子。

⑩ 遗（wèi）：赠与。

【解读】

瓢，又叫作杯勺。有的是用葫芦剖开制成，也有用树木挖成的。西晋时期，中书舍人杜育在《荈赋》中说道：“用匏舀取。”瓟，指的就是瓢。瓟口较宽，瓢身薄，手柄短。西晋永嘉年间，余姚人虞洪到瀑布山采茶时遇到一位道士，道士说：“我是来自丹丘山的仙人，希望你以后把杯勺中剩下的茶水送我点儿喝。”牺，也就是木勺。现在人们常用的木勺大多是用梨木制成。

## 竹筴[1]

竹筴，或以桃、柳、蒲葵木为之，或以柿心木为之。长一尺，银裹两头。

【注释】

① 竹筴（jiā）：竹筷子。用来夹取东西的竹制器具。

【解读】

竹筴，可以用桃木、柳木或蒲葵木制作，也可以用柿心木制作。竹筴长度大约为一尺，两端用银包裹。

## 鹾簋[1]（揭）

鹾簋，以瓷为之，圆径四寸，若合形。或瓶或罍[2]，贮盐花[3]也。其揭，竹制，长四寸一分，阔九分。揭，策[4]也。

【注释】

① 鹾簋（cuó guǐ）：古代在煮茶时用来存放盐的容器。鹾，盐。簋，古时存储东西的圆形器皿。揭，取盐的长竹片。

② 罍（léi）：古时候一种用来装酒的容器，上面刻有云雷纹，大多用青铜或陶制成，看上去像大壶。

③ 盐花：指极少量的盐，或者盐霜，细盐粒。

④ 策：这里指用来取盐的长竹片。

【解读】

鹾簋，用陶瓷制成，直径大约四寸，形状类似盒子。也有些会做成瓶形或者罍形，用来存放细盐。揭，用竹子制成，长度为四寸一分，宽约九分。揭就是用来取盐的长竹片。

## 熟盂①

熟盂，以贮熟水。或瓷或砂，受二升。

【注释】

① 熟盂：用来储存开水的容器，利用瓷或者陶制成。

【解读】

熟盂是古代用来储存开水的容器。大多是用瓷或者陶制成，一般容量为二升。

## 碗

碗，越州[①]上，鼎州[②]次，婺州[③]次，岳州[④]次，寿州[⑤]、洪州次。或者以邢州[⑥]处越州上，殊为不然。若邢瓷类银，越瓷类玉，邢不如越一也；若邢瓷类雪，则越瓷类冰，邢不如越二也；邢瓷白而茶色丹，越瓷青而茶色绿，邢不如越三也。晋杜育《荈赋》所谓："器择陶拣，出自东瓯[⑦]。"瓯，越也。瓯，越州上。口唇不卷，底卷而浅，受半升已下。越州瓷、岳瓷皆青，青则益茶，茶作白红之色。邢州瓷白，茶色红；寿州瓷黄，茶色紫；洪州瓷褐，茶色黑。悉不宜茶。

【注释】

① 越州：唐朝时期的州名，治所在会稽，今浙江省绍兴市，管辖范围包括现在的浦阳江、曹娥江流域和余姚市地。这里指越州窑。

② 鼎州：唐朝时期曾有两个鼎州，一个位于湖南，辖区包括如今湖南省常德市、汉寿县、桃源县、沅江市等区域。另一处

位于今陕西省咸阳市泾阳县、礼泉县、三原县、云阳县一带。这里指鼎州窑。

③ 婺（wù）州：唐朝天宝元年的东阳郡，辖区包括今浙江省金华江、武义江流域的各县。这里指婺州窑。

④ 岳州：唐朝天宝元年的巴陵郡，辖区包括今湖南省洞庭湖东部、南部、北部的沿岸各县。这里指岳州窑。

⑤ 寿州：隋唐朝天宝元年的寿春郡，位于今安徽省淮南市寿县一带。这里指寿州窑。

⑥ 邢州：唐朝天宝元年的巨鹿郡，位于今河北省邢台市巨鹿县等地区。这里指邢州窑。

⑦ 东瓯：一个越族分支。后世人将温州或浙南地区称为东瓯。

## 【解读】

碗，当属越州窑制作的品质最优，鼎州窑、婺州窑和岳州窑制作的品质稍次，寿州窑、洪州窑制作的品质较差。有些人觉得邢州窑生产的碗要比越州窑出产的好，但我完全不这样认为。如果说邢州窑瓷器的质地像银，那么越州窑瓷器的质地就像玉，这是邢州窑瓷器不如越州窑瓷器的第一点；如果说邢州窑瓷器质地像雪，那么越州窑瓷器的质地就像是冰，这是邢州窑瓷器不如越州窑瓷器的第二点；邢州窑瓷器色泽洁白，可以使茶汤呈现红色，越州窑瓷器色泽发青，这样就使茶汤呈现出绿色，这就是邢州窑瓷器不如越州窑瓷器的第三点。西晋茶学家杜育在《荈赋》有说道："挑选陶瓷器皿，好的来自东瓯。"瓯，指的就是越州。茶瓯，越州窑出产的品质最好。碗口边沿不卷平整，底部卷边且浅，容量在半升以下。越州窑和岳州窑出产的瓷器都为青色，青色能够增添茶汤色泽，使茶汤呈现出白红色。邢州窑出产的瓷器为白色，这样茶汤就会呈现出红色；寿州窑出产的瓷器为黄色，使得茶汤呈现出紫色；洪州窑的瓷器为褐色，茶汤的颜色呈现出黑色。这些瓷器都是不适合盛茶的。

## 畚[①]

畚，以白蒲[②]卷而编之，可贮碗十枚。或用筥。其纸帊[③]以剡纸夹缝令方，亦十之也。

**【注释】**

① 畚（běn）：原本是指用蒲草或薄竹片编织成的盛放东西的器具。这里指用来放碗的器具。

② 白蒲：一种白颜色的蒲草。也被称为莞、莞蒲、莒蒲等。

③ 纸帊（pà）：套在茶碗外面的纸套。帊，指二幅或三幅宽的帛，也可以理解为衣服。

【解读】

畚，利用白蒲草编织而成，可以装下十只碗。也有人利用管充当畚的。纸帊，利用两层剡藤纸夹缝成方形，也可以盛装十只碗。

## 札

札，缉[①]栟榈皮，以茱萸[②]木夹而缚之，或截竹束而管之，若巨笔形。

【注释】

① 缉：将植物的皮扯下来搓捻成线。

② 茱萸：一种植物，带有浓烈的香气，可以药用。

【解读】

札，将棕榈树皮剥下来搓捻成线，再用茱萸木夹住捆绑紧，或者截取一段竹子捆绑成类似笔管，看上去就像一根大毛笔。

## 涤方

涤方，以贮涤洗之余。用楸木合之，制如水方，受八升。

【解读】

涤方，一种用来盛放洗涤后的水的容器。它是用楸木制成盒子的形状，制作方法和制作水方一样，可以装大约八升水。

## 滓方

滓方[①]，以集诸滓，制如涤方，处五升。

【注释】

① 滓方：收集茶叶渣的器具。

【解读】

滓方，一种用来盛放茶渣的器皿，制作方法与制作涤方的方法相似，容量大约为五升。

## 巾

巾，以絁布[①]为之，长二尺，作二枚，互用之，以洁诸器。

【注释】

① 絁布：一种粗糙厚实，类似布的丝织品。

【解读】

巾，利用一种粗糙厚实看着像布的绸缎制成，长度约为二尺，一般会制作出两块，交替使用，用来清洗各种茶具。

## 具列

具列，或作床[①]，或作架。或纯木、纯竹而制之，或木或竹，黄黑可扃[②]而漆者。长三尺，阔二尺，高六寸。具列者，悉敛诸器物，悉以陈列也。

【注释】

① 床：这里指放置物品的平板或架子。

② 可扃（jiōng）：可以关上。扃，指从外面关上门窗橱柜的插关。

【解读】

具列，有的会做成床形，有的会做成架子的形状。有全用木头制作的，有全用竹子制作的，也有木头和竹子混合使用的，再涂刷成黄黑色，并且可以从外面关上门。长度约三尺，宽度约二尺，高度约六寸。之所以称为具列，是因为它可以收纳、存放和展示所有器具。

# 都篮

都篮，以悉设诸器而名之。以竹篾内作三角方眼，外以双篾阔者经之，以单篾纤者缚之，递压双经①，作方眼，使玲珑。高一尺五寸，底阔一尺，高二寸，长二尺四寸，阔二尺。

【注释】

① 经：织布时用梭子穿过的竖纱线，也就是编织物的纵向丝线。

【解读】

都篮，因为可以装下所有器具而得名。它是利用薄竹片编织而成，内部编织成三角形或者方形的孔洞，外部则使用两道宽的薄竹片作为经线，然后用单根细的薄竹片交错编织按压在两道纵向宽的薄竹片上，编成方形的孔洞，使它看起来精巧细致。都篮的高度为一尺五寸，底部宽约一尺，高约二寸，长二尺四寸，宽约二尺。

# 卷　下

## 五之煮

凡炙茶，慎勿于风烬间炙，熛焰①如钻，使炎凉不均。持以逼火，屡其翻正，候炮②（普教反）出培塿③，状虾蟆背，然后去火五寸。卷而舒，则本其始又炙之。若火干者，以气熟止；日干者，以柔止。

【注释】

① 熛（biāo）焰：火焰，火光。指燃烧时向外迸射的火焰。

② 炮（páo）：古代一种烹饪方法。原指用软烂的泥巴等包裹住食材再进行烧烤，这里指用火进行烘烤。

③ 培塿（lǒu）：原本指的是小山或者小土堆。这里是指突起的小疙瘩。

【解读】

烤茶饼的时候，需要注意不要在通风的余火上烤，因为飞溅出的火苗像钻子一样打在茶饼上，使茶饼表面受热不均匀。把茶饼放在火上烤，要不停地翻动，直到表面冒出像青蛙皮肤一样的小颗粒，然后移开离火五寸远的地方。当卷曲的茶饼舒展开后，再按照之前的步骤烤一次。如果是用火烘干茶叶，那么就以烤到散发出香气为准；如果是晒干的，那么就以烤到柔软为佳。

其始，若茶之至嫩者，蒸罢热捣，叶烂而牙笋存焉。假以力者，持千钧杵亦不之烂，如漆科珠[①]，壮士接之，不能驻[②]其指。及就，则似无穰[③]骨也。炙之，则其节若倪倪[④]如婴儿之臂耳。既而，承热用纸囊贮之，精华之气无所散越[⑤]，候寒末之。（末之上者，其屑如细米；末之下者，其屑如菱角。）

【注释】

① 漆科珠：被涂抹油漆的珠子。漆，涂刷漆料。科，同“颗”，颗粒，这里是指珠子。

② 驻：古代特指马车停下来，不再继续向前移动。这里指拿住。

③ 穰（ráng）：原本是指成熟的庄稼。这里指茶叶梗。

④ 倪倪：是形容幼小、柔弱的意思。《孟子·梁惠王下》

“反其旄倪”汉赵岐注：“旄，老耄也；倪，弱小倪倪者也。”

⑤ 散越：原本指情绪、声音等强烈激昂。但这里是散发，流逝。

【解读】

开始制作茶叶的时候，如果茶叶鲜嫩，蒸熟后趁热赶紧捣碎，叶子捣烂了但芽尖仍是完整的。如果只是靠蛮力，就算用千斤重的杵也捣不烂，就像涂了漆的珠子，虽然小巧，却很难被强壮的人掌控。捣好的茶叶一条茎梗都没有了。烤好后的茶叶就像婴儿的手臂一样柔软。烤好后赶紧用纸袋装起来，让香气不飘散，等茶冷却后再磨成细粉。（优质茶末如细米般细腻；劣质的则像菱角一样粗糙。）

其火，用炭，次用劲薪[①]。（谓桑、槐、桐、枥之类也。）其炭，曾经燔[②]炙，为膻腻所及，及膏木[③]、败器，不用之。（膏木为柏、桂、桧[④]也。败器，谓朽废器也。）古人有劳薪之味[⑤]，信哉！

【注释】

① 劲薪：形容火力猛、燃烧时间较长的木炭。薪，木柴，木炭。

② 燔：燔是形声字，火为形，番为声。本意是焚烧，引申

为烧烤。古代祭祀用火烧烤整只牲畜。这里只作用火烤的意思。

③ 膏木：形容富含油性树脂的树木。也有说是带有油烟的木柴。

④ 桧：桧树，又称圆柏，木材呈桃红色，并带有香气。

⑤ 劳薪之味：用破烂木头或者不适合的木材来煮东西，导致食物散发出难闻的味道。

【解读】

烤茶饼的火用木炭最好，其次可以选火力比较猛的木柴。（比如桑木、槐木、桐木、栎木等。）但是烤过肉，带有油烟味的木炭，以及含有大量油脂的树木和腐朽的木质器具都不适合烤茶。（富含油脂的树木有柏木、桂木、桧木等。败器，指那些腐朽破烂的木质器具。）古人说过“使用腐朽的木器来烧煮食物，会让食物产生难闻的味道”，的确是这样。

其水，用山水上，江水中，井水下。（《荈赋》所谓：“水则岷方之注[①]，揖[②]彼清流。”）其山水，拣乳泉[③]、石池慢流者上。其瀑涌湍漱[④]，勿食之，久食，令人有颈疾。又多别流于山谷者，澄浸[⑤]不泄，自火天至霜郊[⑥]以前，或潜龙[⑦]蓄毒于其间，饮者可决之，以流其恶，使新泉涓涓然，酌之。其江水，取去人远者。井，取汲多者。

【注释】

① 岷方之注：流淌在岷江的清水。岷，四川省的岷江。

② 挹：通“挹”，舀取，指将液体盛出来。

③ 乳泉：指从钟乳石上滴下的水。也指甘甜清澈的泉水。

④ 瀑涌湍漱：形容水流湍急，就像奔腾翻滚的瀑布，水花四溅。

⑤ 澄：水清澈透亮，且平静不流动。浸：一般指湖泊河流。

⑥ 火天至霜郊：火天，夏天，炎热时节。霜郊，霜降，节气名。

⑦ 潜龙：在古代，人们认为龙蛇都生活在水中，因此称为潜龙。这里指潜藏在水中的蛇虫。

【解读】

用来煮茶的水，山泉水最好，其次是江河水，井水最差。（就像《荈赋》里说的：“舀取岷江清澈的流水。”）山泉水最好选择甘甜清澈的泉水或者流淌缓慢石池水。不要喝飞溅湍急的水，长时间喝会导致颈部疾病。还有一些蓄积在山谷，不流动的水，尽管清澈但是不流动，从炎热的夏天到霜降之前，这些地方很有可能潜藏着蛇虫，水质被污染，如果想喝这种水就先挖开一个缺口，让污秽的水流走，让干净的泉水涓涓流入，然后再取水饮用。江河水，要选择去那些远离人烟的地方取。井水，应该从经常打水的井中取。

其沸，如鱼目①，微有声，为一沸；缘边如涌泉连珠，为二沸；腾波鼓浪，为三沸。已上水老，不可食也。初沸，则水合量调之以盐味②，谓弃其啜余③。无乃䶗䶣而钟其一味乎④？（䶗，上古暂反，䶣，下吐滥反，无味也。）第二沸，出水一瓢，以竹筴环激汤心，则⑤量末当中心而下。有顷，势若奔涛溅沫，以所出水止之，而育其华⑥也。

【注释】

① 鱼目：水刚煮沸时候水面会冒出像鱼眼睛一样的小水泡。

② 则水合量调之以盐味：根据水的多少，放入适量的盐来调味。

③ 弃其啜余：把品尝完之后剩下的水倒掉。

④ 无乃䶗䶣（gàn tàn）而钟其一味乎：不能因为水没味，就只喜欢盐味啊。䶗䶣，没有味道。

⑤ 则：标准，规范。一种标准权衡器，这里指取茶的茶则。

⑥ 华：指漂浮在茶汤表面的浮沫，也称为汤花，是茶的精华。

【解读】

水刚煮沸时，会冒出像鱼眼一样的小气泡，还有轻微的响声，这就是“一沸”；锅边冒出连串的泡泡，被称为“二沸”；当水像海浪般翻腾时，被称为“三沸”。如果再继续煮，水就煮老了，便不适合饮用了。刚煮沸时，根据水的多少放入适量食盐调味，把尝完剩下的水倒掉。不要因为水没有味道而只喜欢盐味。（䶗音为古暂二字的反切音，𪉕读音为吐滥二字的反切音，䶗𪉕意思是无味。）第二沸时，舀出一瓢水，用竹夹在沸水里面转圈搅动，用茶则量取适量茶末倒入漩涡中心。稍等一会儿，沸水就会变得波涛翻滚，水沫四溅，再把刚才舀出的水倒入，让水不再沸腾，以保养水面产生的汤花。

凡酌，置诸碗，令沫饽[①]均。（字书[②]并《本草》：饽，均茗沫也。蒲笏反。）沫饽，汤之华也。华之薄者曰沫，厚者曰饽，细轻者曰花。如枣花漂漂然于环池之上，又如回潭曲渚青萍[③]之始生，又如晴天爽朗有浮云鳞然。其沫者，若绿钱[④]浮于水渭，又如菊英堕于樽俎[⑤]之中。饽者，以滓煮之，及沸，则重华累沫，皤皤[⑥]然若积雪耳。《荈赋》所谓“焕如积雪，烨若春藪[⑦]”，有之。

【注释】

① 沫饽：茶水煮沸时，表面漂浮的浮沫。饽，馒头或块状的面食。

② 字书：字典，这里指当时的字典，如《说文解字》《广韵》等。

③ 回潭：水潭中回旋流动的水。曲渚（zhǔ）：曲折的小洲。青萍：浮萍，一种水生植物。

④ 绿钱：苔藓。因为颜色青绿，外形看起来像铜钱得名。

⑤ 菊英：菊花。英，是只开花不结果的花。樽俎（zǔ）：古时候盛装酒食的器皿。樽是装酒的器皿，俎是装肉的器皿。

⑥ 皤皤（pó）然：原本指头发变白，这里指白色的汤沫。

⑦ 烨若春藪（fū）：光辉灿烂得像是春天盛开的花。烨，灿烂。藪，花。

【解读】

喝茶的时候，多放几个碗，让汤沫均匀地舀到每个碗中。（字典和《本草》中有说：饽是茶沫的意思。读音为蒲笏二字的反切音。）汤沫是茶汤的精华部分。泡沫轻薄的叫沫，浓厚的叫饽，轻盈细腻的叫花。有的茶花像枣花在圆形水池表面浮动，有的像环绕流动的潭水与曲折的小洲间刚长出的浮萍，有的则像晴朗天空中漂浮的鱼鳞状浮云。茶沫，就像苔藓漂浮在水面上，又像菊花飘落在杯子里。茶饽，则是煮沸后表面产生的层层泡沫，洁白如同积雪一般。《荈赋》中描述汤花“明亮如积雪，灿烂如春花”，确实如此。

第一煮水沸，而弃其沫之上有水膜如黑云母①，饮之则其味不正。其第一者为隽永，（徐县、全县二反。②至美者曰隽永。隽，味也。永，长也。味长曰隽永。《汉书》：蒯通著《隽永》二十篇也③。）或留熟盂以贮之，以备育华救沸之用。诸第一与第二、第三碗次之，第四、第五碗外，非渴甚莫之饮。凡煮水一升，酌分五碗。（碗数少至三，多至五；若人多至十，加两炉。）乘热连饮之，以重浊凝其下，精英浮其上。如冷，则精英随气而竭，饮啜不消亦然矣。

【注释】

① 黑云母：云母类矿物结晶体，呈片状，薄而且脆，有光泽。

② 徐县、全县二反：隽读音有徐县二字反切音、全县二字反切音两种。

③ 蒯（kuǎi）通著《隽永》二十篇也：蒯通，本名蒯彻，因为要避开汉武帝刘彻的名字，所以史上称他为蒯通。蒯通研究了战国时期善于游说的人所运用的策略，并结合自己的评论，写了《隽永》。

【解读】

当水第一次煮沸时，要去除表面那层像黑云母一样的薄膜，否则煮出来的水味道不好，不正宗。第一次从锅中舀出的水最好，味道鲜美，被称为“隽永”，（隽，有徐县二字的反切音、全县二字的反切音两种读法。最美的味道称为隽永。隽，指味道。永，指长久。味道长久称为隽永。《汉书》中记载蒯通写了《隽永》二十篇。）或者可以将它保存在熟盂中，以备后续孕育茶汤的精华和或者阻止水沸腾。之后舀出的第一、第二、第三碗茶汤的味道会略微显得稍逊一些，第四、第五碗之外的，除非极其口渴否则不可饮用。一般煮一升水，可以分成五碗。（碗的数量可以少至三碗，多至五碗；如果人数多达十人，就需要多煮一炉水。）喝茶时要趁热连续喝，因为重浊的茶渣会沉淀在底部，精华则漂浮在表面。一旦茶凉了，精华部分会随着热气消散，效果也会大打折扣。

茶性俭，不宜广，广则其味黯澹①。且如一满碗，啜半而味寡，况其广乎！其色缃②也，其馨欸③也。（香至美曰欸，欸音使。）其味甘，槚也；不甘而苦，荈也；啜苦咽甘，茶也。（《本草》云：“其味苦而不甘，槚也；甘而不苦，荈也。”）

【注释】

① 黯澹：即“暗淡”。这里指茶味淡而无味。

② 缃（xiāng）：浅黄色的帛布。这里则是指浅黄色。

③ 𩡋（sǐ）：形容味道香美。与原注中的读音不同。

【解读】

茶的特点是简约节俭，因此不宜加太多水，水太多会导致茶的味道变得淡而无味。比如一碗满满的茶汤，喝了一半后，味道就会变淡，更不用说水加多了呢！茶汤呈现出浅黄色，味道香美，令人愉悦。（香味极美称为𩡋，𩡋读音为使。）味道甘甜的是槚，不甜反而有点苦的是荈，入口时带有一丝苦味，但咽下后却感到甜美滋味才是真正的茶。《本草》中说：“味道苦但不甜的是槚，甘甜但不苦的是荈。”

# 六之饮

翼而飞[①]，毛而走[②]，呿而言[③]，此三者俱生于天地间，饮啄[④]以活，饮之时义远矣哉！至若救渴，饮之以浆[⑤]；蠲忧忿[⑥]，饮之以酒；荡昏寐，饮之以茶。

## 【注释】

① 翼而飞：指的是那些长有翅膀，并且刻意飞翔的禽类。

② 毛而走：指的是那些身上覆盖着毛发，善于奔跑的野兽。

③ 呿（qù）而言：能够张口说话的人类。呿，就是张口的意思。

④ 饮啄：喝水吃东西，引申为吃喝，比喻自由自在地生活。

⑤ 浆：古时候人们酿制的一种带有酸味的饮料。后来泛指饮料。

⑥ 蠲（juān）忧忿：消除忧虑和愤怒。蠲，除去，消除。忧忿由两个汉字组成，忧意为忧虑、担忧，忿意为愤怒、恼怒。

⑦ 荡昏寐：消除昏昏欲睡的状态。荡，意为消除，洗涤。

## 【解读】

无论是有翅膀可以飞翔的飞禽，长有毛发擅长奔跑的兽类，还是张口可以说话的人类，这三者都生存在天地间，依靠喝水进食来维持生命，可以看出喝水的时间很漫长，意义很重大。为了解渴，我们需要喝水；为了消除忧虑和愤怒，我们需要喝酒；为了消除疲倦困乏，我们需要喝茶。

茶之为饮，发乎神农氏[①]，闻[②]于鲁周公。齐有晏婴[③]，汉有扬雄、司马相如[④]，吴有韦曜[⑤]，晋有刘琨[⑥]、张载[⑦]、远祖纳[⑧]、谢安[⑨]、左思[⑩]之徒，皆饮焉。滂时浸俗[⑪]，盛于国朝，两都并荆渝[⑫]间，以为比屋之饮[⑬]。

【注释】

① 神农氏：又称炎帝，是神话传说中上古三皇之一。据说他用木头制作了耒和耜，教导人民种植农作物。

② 闻：指的是耳朵听说，听到。这里表示为闻名，出名。

③ 晏婴：史称为“晏子”，字平仲，“莱之夷维人也”，今山东省高密市人。春秋时齐国大夫，著名的政治家、外交家思想家。

④ 司马相如：字长卿，蜀郡成都（今属于四川省）人。西汉时期著名的辞赋家，代表作有《子虚赋》《上林赋》《大人赋》等。司马相如与卓文君不同凡响的爱情故事也广为流传。

⑤ 韦曜（yào）：本名昭，字弘嗣，吴郡云阳（今江苏省丹阳市）人。东吴四朝重臣、史学家。写有《吴书》《国语注》《汉书音义》等。

⑥ 刘琨：字越石，中山魏昌（今河北省石家庄市无极县）人，西晋时期政治家、文学家、音乐家和军事家。

⑦ 张载：字孟阳，安平（今河北省衡水市安平）人。他与

弟弟张协、张亢都以文学著称，并称为“三张”。

⑧ 远祖纳：即陆纳，字祖言，出生于吴郡吴县（今江苏省苏州市），东晋后期官员。他与陆羽同姓，被尊为远祖，因此被称为远祖纳。

⑨ 谢安：字安石，陈郡阳夏（今河南省周口市太康县）人。东晋时期著名政治家。

⑩ 左思：字太冲，临淄（今山东省临淄）人。他所作的《三都赋》被当时人们称赞，很多人抄写，造成了“洛阳纸贵”的现象。

⑪ 滂时浸俗：指形成的社会风气。滂，滂沱，形容雨势很大。

⑫ 两都并荆渝：两都，指唐朝都城长安，今陕西省西安市和东都洛阳。荆，荆州。渝，渝州。唐朝荆渝一带都生产茶叶。

⑬ 比屋之饮：每家每户都喝茶。比屋，一家挨着一家。

## 【解读】

茶作为一种饮料，最早起源于神农氏，后来被周公旦记录下来并为世人所知。春秋时期齐国的晏婴，西汉的扬雄、司马相如，三国时期吴国的韦曜，晋代的刘琨、张载、陆纳、谢安、左思等人都非常喜欢喝茶。喝茶逐渐成了社会风气，到了本朝达到了鼎盛，在京都长安、东都洛阳以及荆州、渝州一带，几乎每家每户都喝茶。

饮有觕茶[1]、散茶、末茶、饼茶者。乃斫、乃熬、乃炀、乃舂[2]，贮于瓶缶之中，以汤沃焉，谓之痷茶[3]。或用葱、姜、枣、橘皮、茱萸[4]、薄荷之等，煮之百沸，或扬令滑，或煮去沫，斯沟渠间弃水耳，而习俗不已。

【注释】

① 觕茶：指芽叶比较粗老，加工处理得相对糙的茶叶。觕，通“粗”。

② 乃斫、乃熬、乃炀、乃舂：斫（zhuó），砍取枝叶。熬，蒸煮茶叶。炀（yàng），烘烤茶叶。舂，捣碎茶叶。

③ 痷（ān）茶：古代一种喝茶方式。将茶末放在瓶子或者罐子里面，用煮沸的水冲泡后饮用。

④ 茱萸：山茱萸科山茱萸属的多年生乔木植物。

【解读】

人们喝的茶种类很多，比如粗茶、散茶、末茶、饼茶。茶叶经过采摘、蒸煮、烘焙、揉捣等工艺加工后，放入瓶子里面，用热水冲泡，就是“痷茶”。或有时加入葱、姜、枣、橘皮、茱萸、薄荷等材料一起煮，或者扬起茶汤使之更加柔滑，或者煮茶时去掉表面浮沫，虽然这样处理的茶有点像倒在沟渠里的废水，但这种习俗却流传下来。

於戏！天育万物，皆有至妙。人之所工，但猎浅易。所庇者屋，屋精极；所著者衣，衣精极；所饱者饮食，食与酒皆精极之。茶有九难：一曰造，二曰别，三曰器，四曰火，五曰水，六曰炙，七曰末，八曰煮，九曰饮。阴采夜焙，非造也；嚼味嗅香，非别也；膻鼎腥瓯[①]，非器也；膏薪庖炭[②]，非火也；飞湍壅潦[③]，非水也；外熟内生，非炙也；碧粉缥尘[④]，非末也；操艰搅遽[⑤]，非煮也；夏兴冬废，非饮也。

【注释】

① 膻鼎腥瓯（ōu）：被染上腥膻等刺鼻气味的锅碗。

② 膏薪庖炭：含有大量油性树脂的木柴和烤过肉的木炭。

③ 飞湍壅潦：急速流动的水和雨后滞留的水。潦，雨后积蓄的水。这里指煮茶用不合适的水则其结果就不一样。

④ 碧粉缥尘：碧绿色的粉末和青白色的粉尘。缥，淡青色。

⑤ 操艰搅遽：手法生疏，搅拌过于急促。遽，惊慌，窘迫。

【解读】

唉！大自然孕育的万物都有其独特之处。人们擅长的只是那些简单易做的事情。人们居住的房屋构造极其精美；人们穿的衣服制作精美；人们充饥的是饮食，食物和酒也都非常美味。而制作一杯精致的茶却有九大难题：一是制作，二是鉴别，三是器具，四是火力，五是水质，六是炙烤，七是碾末，八是烹煮，九是品饮。在阴天采摘并在夜间烘烤，很难制造出好茶；仅凭咀嚼和嗅闻来辨别茶的味道和香气，不是很好的鉴别方法；使用腥膻气味的容器来盛装茶水，是器具选择不当；含有丰富油脂的柴火和带有油腥气味的木炭，不适合作煮茶燃料；使用湍急的河水和静止的积水是用水选择不当；茶饼烤得外焦内生是烤炙不当；将茶叶研磨成青绿色或者浅绿色的粉末，是碾磨不当；操作不熟练，搅拌过于急促，是烹煮不当；只在夏天饮茶而不在冬天饮茶，也算不上真正饮茶。

夫珍鲜馥烈[①]者，其碗数三。次之者，碗数五。若座客数至五，行三碗；至七，行五碗；若六人以下，不约碗数，但阙一人[②]而已，其隽永补所阙人。

【注释】

① 珍鲜馥烈：形容香气浓郁的上等茶叶。馥，指芬芳的香味。

② 阙一人：形容故意缺少了一碗茶。阙，缺少，空缺。

【解读】

香气浓郁的好茶，通常一炉只能煮三碗。味道略逊的茶，一炉也只能煮五碗。如果有五位客人，就倒出三碗共同饮用；有七位客人，就倒出五碗平均分配；如果客人不到六位，就不需要估算碗数，只需按照少一人的标准，用之前留下的好茶汤来弥补那个缺少的人。

# 七之事

三皇[①]：炎帝神农氏。

【注释】

① 三皇：关于三皇的说法有较大争议，有人说是伏羲、女娲、神农；有人说是伏羲、神农、祝融；也有人说是伏羲、神农、共工。

【解读】

三皇时期：神农氏，又称为“炎帝”。

周：鲁周公旦，齐相晏婴。

【解读】

周朝时期：鲁国的周公姬旦，齐国的国相晏婴。

汉：仙人丹丘子，黄山君①，司马文园令相如，扬执戟雄。

【注释】

① 黄山君：汉朝时期的仙人。传说他是因喝茶成仙的。

【解读】

汉朝时期：有仙人丹丘子和黄山君，负责管理汉孝文帝陵园的司马相如，以及黄门侍郎扬雄。

吴：归命侯①，韦太傅弘嗣。

【注释】

① 归命侯：指的是三国时期吴国末代皇帝孙皓，字元宗。天纪四年，晋军分六路攻打吴国，大将王濬率军来到建业，孙皓最终选择投降，被赐号为归命侯。

【解读】

三国时期吴国：有归命侯孙皓和太傅韦曜。

晋：惠帝[①]，刘司空琨，琨兄子兖州刺史演[②]，张黄门孟阳，傅司隶咸[③]，江洗马统[④]，孙参军楚[⑤]左记室太冲，陆吴兴纳，纳兄子会稽内史俶[⑥]，谢冠军安石，郭弘农璞，桓扬州温[⑦]，杜舍人育，武康[⑧]小山寺[⑨]法瑶[⑩]，沛国夏侯恺[⑪]，余姚虞洪，北地傅巽[⑫]，丹阳弘君举[⑬]，乐安任育长[⑭]，宣城秦精[⑮]，敦煌单道开[⑯]，剡县陈务妻[⑰]，广陵老姥[⑱]，河内山谦之[⑲]。

【注释】

① 惠帝：晋惠帝司马衷，字正度，河内郡温县（今河南温县）人。西晋的第二位皇帝。

② 琨兄子兖州刺史演：刘演，字始仁，刘琨的侄子，西晋中山魏昌（今河北省定州市）人。西晋时期的将领，诗人。

③ 傅司隶咸：傅咸，字长虞，北地泥阳（今陕西省铜川市）人，曾担任司隶校尉等职。

④ 江洗马统：江统，字应元，陈留县（今河南省开封市杞县）人，曾担任太子洗马。

⑤ 孙参军楚：孙楚，字子荆，太原中都（今山西省晋中市平遥县）人，曾经担任扶风参军。

⑥ 纳兄子会稽内史俶：陆俶，陆纳兄长的儿子，曾担任会稽内史。

⑦ 桓扬州温：桓温，字元子，谯国龙亢（今安徽省蚌埠市怀远县）人，曾担任扬州牧等官职。

⑧ 武康：县名。从汉朝到清朝，都有这样县名，在现在的浙江省湖州市附近。

⑨ 小山寺：又叫作翠峰寺，曾经是武康历史上最早、规模最大的寺院，但在元朝时期被毁。

⑩ 释法瑶：东晋到南朝宋齐时期的高僧，是慧净的弟子，最初居住在吴兴武康的小山寺。

⑪ 沛国夏侯恺：东晋文学家干宝在《搜神记》中有提到。沛国，今江苏省徐州市沛县一带。

⑫ 北地傅巽：傅巽，字公悌，北地泥阳（今陕西省铜川市耀州区）人。三国曹魏时期曾担任侍中、尚书。

⑬ 丹阳弘君举：丹阳人，曾经创作饮食著作《食檄》，现在已经失传。丹阳，今属江苏镇江管辖的县级市。

⑭ 乐安任育长：名字叫瞻，字育长，乐安人，今山东省滨州市博兴县一带，曾经担任天门太守等职。

⑮ 宣城秦精：《续搜神记》中出现人物。宣城，即安徽省宣城市。

⑯ 敦煌单道开：东晋时期著名僧人，俗家姓孟，敦煌人。

⑰ 剡（shàn）县陈务妻：南朝时期宋国刘敬叔在《异苑》

中写到的人物。

⑱ 广陵老姥：《广陵耆老传》中的人物。广陵，今江苏省扬州市。

⑲ 河内山谦之：南朝宋时期河内郡（今河南省沁阳市）人，写有《吴兴记》《丹阳记》等作品。

【解读】

晋朝时期：晋惠帝司马衷的司空刘琨，刘琨的侄子兖州刺史刘演，宫廷黄门侍郎张孟阳，司隶校尉傅咸，太子洗马江统，参军孙楚，记室左太冲，来自吴兴的陆纳，陆纳的侄子会稽内史陆俶，冠军将军谢安石，弘农太守郭璞，扬州牧桓温，中书舍人杜育，武康小山寺高僧释法瑶，沛国人夏侯恺，余姚人虞洪，北地人傅巽，丹阳人弘君举，乐安人任瞻，宣城人秦精，敦煌僧人单道开，剡县陈务的妻子，广陵的一位老奶奶，河内的山谦之。

后魏[①]：瑯琊王肃[②]。

【注释】

① 后魏：即北魏。是鲜卑族人拓跋珪创建的政权，也是南北朝时期北朝的第一个王朝。

② 瑯琊王肃：瑯琊，地名，也写作“琅邪”，在今山东省临沂市。王肃，字恭懿，琅邪人，北魏名臣。

【解读】

北魏：瑯琊人王肃。

宋[①]：新安王子鸾，鸾兄豫章王子尚[②]，鲍照妹令晖[③]，八公山沙门昙济[④]。

【注释】

① 宋：即南朝宋。由宋武帝刘裕打败东晋建立，国都位于建康，今江苏省南京市。

② 新安王子鸾，鸾兄豫章王子尚：都是南朝宋武帝刘裕的儿子。子鸾是宋武帝的第八子，被封新安王；子尚是第二子，被封豫章王。

③ 鲍照妹令晖：鲍照，字明远，东海（今山东省苍山）人，南朝宋著名诗人，代表作有《鲍参军集》等。鲍令晖，鲍照的妹妹，南朝宋女诗人，代表作有《香茗赋集》，现已失传。

④ 八公山沙门昙济：八公山，位于今安徽省淮南市。沙门，指的是佛门。昙济，河东（今山西省永济市）人，南朝宋时期著名的实论家，著有《六家七宗论》。

【解读】

南朝宋：新安王刘子鸾，刘子鸾的哥哥豫章王刘子尚，鲍照的妹妹鲍令晖，以及八公山的僧人昙济。

齐[①]：世祖武帝[②]。

【注释】

① 齐：南北朝时期南朝的第二个朝代。齐高帝萧道成率军推翻了刘宋政权，建立南朝齐，定都建康，就是如今的江苏南京。

② 世祖武帝：南朝齐国第二位皇帝齐武帝萧赜（zé），字宣远，小名龙儿。

【解读】

南朝齐国：齐世祖武帝萧赜。

梁[①]：刘廷尉[②]，陶先生弘景[③]。

【注释】

① 梁：南北朝时期南朝的第三个朝代，由萧衍打败齐国建立，定都建康，即今江苏省南京市，国号梁。因为皇帝姓萧，又称为萧梁。

② 刘廷尉：即刘孝绰，本名刘冉，字孝绰，彭城（今江苏省徐州市）人。因为得到萧梁昭明太子赏识，担任太子仆兼廷

尉卿。

③ 陶先生弘景：陶弘景，字通明，丹阳秣陵（今江苏省南京市）人。去世后被追封为“贞白先生”。著有《神农本草经集注》《肘后百一方》等。

【解读】

南朝梁国：廷尉刘孝绰，贞白先生陶弘景。

皇朝[①]：徐英公勣[②]。

【注释】

① 皇朝：封建社会对自己所处朝代尊称。这里指唐朝。

② 徐英公勣（jì）：徐勣，即李勣，字懋功，被封为英国公，唐朝开国功臣，因功勋卓越，被唐太宗李世民赐李姓。

【解读】

唐朝：英国公徐勣。

《神农食经》[①]：茶茗久服，令人有力、悦志。

【注释】

① 《神农食经》：传说此书为炎帝神农氏所写，实际上是

西汉时期儒生托名神农氏所创作，但已经失传。

【解读】

根据《神农食经》的记载：经常喝茶可以让人精神振奋，心情愉悦。

周公《尔雅》：槚，苦荼。

【解读】

周公在《尔雅》中有说道：槚，就是苦荼。

《广雅》[①]云：荆巴间采叶作饼，叶老者，饼成，以米膏出之。欲煮茗饮，先炙令赤色，捣末，置瓷器中，以汤浇覆之，用葱、姜、橘子芼[②]之。其饮醒酒，令人不眠。

【注释】

①《广雅》：字典。据说是三国时期由张辑编写的，是对《尔雅》的补充。

② 芼（mào）：一种可食用野菜。这里表示搅拌，拌和。

【解读】

根据《广雅》的记载：在荆州、巴州一带，人们采摘叶子制作茶饼。如果叶子有点老了，制作时就要加些米糊。如果想煮茶喝，首先要把茶饼烤成红色，然后捣碎放入瓷器中，用沸水冲泡，再加入葱、姜、橘子等一起搅拌。喝茶可以解酒，也会让人兴奋得难以入睡。

《晏子春秋》①：婴相齐景公②时，食脱粟③之饭，炙三弋五卵④，茗菜⑤而已。

【注释】

① 《晏子春秋》：原本都以为是晏婴所写，实际上是后来人整理晏子的事迹编成。成书大约在汉朝初期。

② 齐景公：春秋时期齐国国君，姓姜，名杵臼。

③ 脱粟：也叫“免粟”。指只去掉外壳的粗米，也指粗粮。

④ 三弋五卵：指的是烧烤的禽鸟和蛋类食品。弋，指的是禽类。卵，指的是蛋类。

⑤ 茗菜：一般指的是晏婴当时所吃的是苔菜而不是茶。苔菜又称紫堇、蜀芹、楚葵，古时常吃的一种蔬菜。

【解读】

《晏子春秋》中说：晏婴担任齐景公的国相时，吃的主要是粗粮饭，还有三五样烧烤的禽类和蛋类，除此之外，只是偶尔喝点茶和吃些蔬菜。

司马相如《凡将篇》[1]：乌喙[2]，桔梗[3]，芫华[4]，款冬[5]，贝母[6]，木蘖[7]，蒌[8]，芩草[9]，芍药[10]，桂[11]，漏芦[12]，蜚廉[13]，雚菌[14]，荈诧[15]，白敛[16]，白芷[17]，菖蒲[18]，芒消[19]，莞椒[20]，茱萸。

【注释】

① 《凡将篇》：字典。汉代司马相如所写，现在已经失传。这里引用的文字是后人整理而成的。

② 乌喙（huì）：中药附子的别名，因为它的块茎形状像乌鸟的嘴而得名。喙，是指鸟类和兽类等动物的嘴巴。

③ 桔梗：一种多年生草本植物，叶片呈卵形或椭圆状披针形，花为暗蓝色或暗紫色。根部能当作药材，具有清肺、祛痰、排脓等功效。

④ 芫（yuán）华：一种落叶灌木。叶片小且呈椭圆形，花朵小而且呈紫色，可以用来做观赏植物。花蕾中含有芫花素，可以当作药材。

⑤ 款冬：一种多年生草本植物。严寒的冬季开花。叶片像向日葵一样大，花呈现黄色，可以当作药材。

⑥ 贝母：一种多年生草本植物。叶片形状为长条形，有点像韭菜，花朵是黄绿色，下垂的样子像钟摆一样。鳞茎具有止咳祛痰等作用。

⑦ 木蘗（bò）：也叫黄柏、黄蘗，是一种落叶乔木。木材非常坚硬，树干可以制作黄色染料。树皮可以入药，有清热、解毒等功效。

⑧ 蒌（lóu）：又叫蒌菜，属于胡椒科土蒌藤属植物，味道辛辣。

⑨ 芩（qín）草：一种芦苇科多年生草本植物，根部为黄色，可以当作药材，具有清热祛湿等作用。

⑩ 芍药：一种多年生草本植物。它的根部可以用作药材，具有促进血液循环、消散淤血、凉血止痛等功效。

⑪ 桂：肉树，一种常绿乔木。树皮可以制成健胃剂，还可以用来调味。

⑫ 漏芦：也叫野兰、鬼油麻、狼头花，是一种多年生草本植物。根和根茎都可以用作药材，具有清热解毒、排脓消肿等功效。春秋采挖晒干，切厚片。生，清热解毒，消痈肿，下乳汁。

⑬ 蜚廉：即飞廉。一种两年或者多年生的草本植物，味道略微苦涩，具有散淤止血，清热利湿的功效。

⑭ 雚（huán）菌：一种生长在鹿尾根部的真菌，河边沼泽地比较多见，是一种白色的可以食用的菌菇。

⑮ 荈诧：指的是利用茶树上比较粗老的叶子制成的茶，即粗茶。

⑯ 白敛：即白蔹，一种攀缘藤本植物，它的块根呈纺锤形，可以用作药材，主要治疗痈肿等疾病。

⑰ 白芷：香草名字。根部具有镇痛的作用，古人常将它的叶片当作香料。

⑱ 菖蒲：一种多年生水生草本植物，闻起来很香。全草可以用来提取芳香油、淀粉和纤维，根茎可以当作药材。

⑲ 芒消：也叫“芒硝”，即硫酸钠，大多产自含有盐卤的湖泽地区。常用来治疗肠胃实热积滞、大便干结、痰热壅积等病症。

⑳ 莞（guān）椒：有人认为是花椒，属于芸香科秦椒属植物。

【解读】

汉代文学家司马相如在《凡将篇》中的“药物”一章中说：附子，桔梗，芫华，款冬，贝母，黄檗，蒌菜，芩草，芍药，肉桂，漏芦，飞廉，雚菌，粗荼，白蔹，白芷，菖蒲，芒硝，花椒，茱萸。

《方言》[①]：蜀西南人谓茶曰蔎。

【注释】

① 《方言》：西汉时期扬雄所写，是当时一部很重要的字典，也是中国最早的一部汉语方言比较词汇集。

【解读】

西汉文学家扬雄在《方言》中说：蜀地西南一带的人们，把茶叶称葰。

《吴志·韦曜传》[1]：孙皓每飨宴[2]，坐席无不率以七胜为限，虽不尽入口，皆浇灌取尽。曜饮酒不过二升，皓初礼异，密赐茶荈以代酒。

【注释】

① 《吴志·韦曜传》：这是指西晋时期陈寿所写的《三国志》中的《吴书》部分，共有二十卷。

② 飨（xiǎng）宴：宴饮，指的是招待宾客摆下的宴席。

【解读】

《三国志·吴书·韦曜传》中说：每次孙皓摆下宴席，都规定每个人都要喝满七升酒，即使不能喝完，也必须把杯中的酒倒进嘴里。而韦曜的酒量只有不到两升。孙皓对他十分尊重，便偷偷给他端来茶代替酒。

《晋中兴书》[1]：陆纳为吴兴太守时，卫将军谢安尝欲诣纳，（《晋书》[2]云：纳为吏部尚书。）纳兄子俶怪纳无所备，不敢问之，乃私蓄十数人馔。安既至，所设唯茶果而已。俶遂陈盛馔，珍羞必具。及安去，纳杖俶四十，云："汝既不能光益叔父，奈何秽吾素业？"

【注释】

①《晋中兴书》：由南朝时期宋国何法盛所写。现在已经失传。后来清朝时期有人整理出一卷。

②《晋书》：总共一百三十卷，由唐朝时期房玄龄等二十多人奉命编写。记录了从西晋武帝泰始元年，到东晋恭帝元熙二年，总共一百五十六年的历史。

【解读】

《晋中兴书》中说：陆纳担任吴兴太守的时候，卫将军谢安想要去拜访他，（据《晋书》记载，陆纳担任吏部尚书。）陆纳的侄子陆俶感到奇怪，不知道他为什么不做准备，但又不敢询问，于是私下准备了十多人的饭菜。谢安来后，陆纳只用茶和水果招待。而陆俶则摆上丰盛的酒席，各种美味应有尽有。等谢安离开后，陆纳责备陆俶，打了他四十板子，说："你既不能帮助你叔父增光添彩，为什么还要毁我廉洁清白的操守呢？"

《晋书》：桓温为扬州牧，性俭，每宴饮，唯下七奠①柈茶果而已。

【注释】

① 奠（dìng）：同“饤”，指的是盛放食物的盘碗的量词。

【解读】

《晋书》里面说：桓温在担任扬州牧的时候，性格非常节俭，每次摆宴请客，只摆出七盘的茶点和水果。

《搜神记》[①]：夏侯恺因疾死。宗人[②]字苟奴察见鬼神，见恺来收马，并病其妻。著平上帻[③]、单衣，入坐生时西壁大床，就人觅茶饮。

【注释】

① 《搜神记》：又叫《搜神录》《搜神异记》《搜神传记》等，东晋文学家干宝所写，共三十卷，是我国志怪小说的开端。

② 宗人：古代的一种官职，掌管宗庙、祭祀等事务。这里指同宗同族的人。

③ 平上帻（zé）：魏晋时期武官戴的一种平顶头巾。

【解读】

《搜神记》中说：夏侯恺因病去世。同族的苟奴竟然能看到鬼魂，他看到夏侯恺前来取马，还让他的妻子也生了病。苟奴看到他戴着平顶头巾，穿着一件单衣，走进屋里就坐到了在世时常坐的靠西墙的大床上，还向人讨茶喝。

刘琨《与兄子南兖州①刺史演书》云：前得安州②干姜一斤，桂一斤，黄芩③一斤，皆所须也。吾体中愦闷，常仰真茶，汝可置之。

【注释】

① 南兖州：东晋时期的州名，位于今江苏省镇江市。

② 安州：东晋时期的州名，位于今湖北省安陆市一带。

③ 黄芩（qín）：多年生草本植根茎肥厚，肉质，径达2厘米，伸长而分枝。根部为黄色，中医用它制作清凉解热的药剂。

【解读】

刘琨在《与兄子南兖州刺史演书》里说：之前收到你寄来的安州干姜一斤，桂皮一斤，黄芩一斤，这些都是我需要的。我心情烦躁，精神萎靡不振，经常需要喝茶来提神解闷，你可以多给我买一些。

傅咸《司隶教》[①]曰：闻南方有以困蜀妪作茶粥[②]卖，为廉事[③]打破其器具，又卖饼于市。而禁茶粥以困蜀姥，何哉？

【注释】

①《司隶教》：司隶校尉的命令指令。司隶校尉负责管理法律，监督京师百官。

② 茶粥：烧煮的浓茶。由于表面呈稀粥状，被称为茶粥。

③ 廉事：具体意思不明确，应该是某级小官。

【解读】

西晋文学家傅咸在《司隶教》中写有这样一个故事：我听说南方蜀地有一位老婆婆煮茶粥来卖，结果管事的廉事把她卖茶粥的茶容器都打碎了。后来老婆婆只好到市场里卖饼。不让卖茶粥，使得蜀地的老婆婆陷入困境，这是到底是为什么呢？

《神异记》[①]：余姚人虞洪，入山采茗，遇一道士，牵三青牛，引洪至瀑布山，曰："予，丹丘子也。闻子善具饮，常思见惠。山中有大茗，可以相给。祈子他日有瓯牺之余[②]，乞相遗也。"因立奠祀。后常令家人入山，获大茗焉。

【注释】

① 《神异记》：中国神话志怪小说集。由西晋时期王浮所写，现在已经失传。

② 有瓯牺之余：有喝不完的茶水。瓯牺，杯杓。指杯、碗、勺之类的茶具。

【解读】

《神异记》中有这样一段记载：余姚的虞洪在山上采茶的时候，遇到一位道士，牵着三头青牛。道士带着虞洪来到瀑布山，说："我是丹丘子。听说你擅长煮茶，一直想请你送我一些来尝尝。山里有一棵大茶树，可以让你采摘。希望以后当你有太多茶无法喝完时，能送我一些。"虞洪于是以茶叶为祭品进行祭祀，以后经常让家人上山，果然找到了那棵大茶树。

左思《娇女诗》[①]：吾家有娇女，皎皎颇白皙。小字[②]为纨素，口齿自清历[③]。有姊字蕙芳，眉目粲如画。驰骛翔园林，果下皆生摘。贪华风雨中，倏忽数百适。心为茶荈剧，吹嘘对鼎𨱔[④]。

【注释】

① 《娇女诗》：描述两个小女孩的天真调皮形象。原诗共

五十六句，陆羽只引用了关于茶的十二句。

② 小字：一般指的是小名，乳名。但是这里指的是较小的女儿，名叫纨素。于后面的“有姊字蕙芳”相对。

③ 清历：意思是分明，清楚。

④ 鬲（lì）：也写作“镉”，一种烹饪器具，和鼎属于同类。

【解读】

西晋文学家左思在《娇女诗》中说：我家里有两个娇嫩的女孩，长得白净细嫩。小妹名字叫作纨素，口齿机敏伶俐。姐姐名字叫作蕙芳，眉目美如画。他们在园林里面奔跑嬉戏，果子还没有成熟就摘下吃。她们非常喜欢花，也不顾风和雨，跑出跑进上百次。看到煮茶心里就开心，对着茶炉使劲吹气。

张孟阳《登成都楼诗》①云：借问扬子舍②，想见长卿庐③。程卓④累千金，骄侈拟五侯⑤。门有连骑客⑥，翠带腰吴钩⑦。鼎食⑧随时进，百和⑨妙且殊。披林采秋橘，临江钓春鱼。黑子过龙醢⑩，果馔逾蟹蝑⑪。芳茶冠六清⑫，溢味播九区⑬。人生苟安乐，兹土聊可娱。

【注释】

①《登成都楼诗》：又叫《登成都白菟楼诗》，原诗总共

有三十二句，陆羽只选用了其中关于茶的十六句。

② 扬子舍：指的是扬雄在成都的居所，名为草玄堂。

③ 长卿庐：指司马相如娶了卓文君之后回到成都定居生活的地方。

④ 程卓：指的是西汉时期程郑和卓王孙两个富豪家族。

⑤ 五侯：指古代的五个等级，分别是公、侯、伯、子、男，也可以指同时被封为侯的五个人。后来也用来泛指权贵豪门。

⑥ 门有连骑客：形容门前热闹非凡，来来往往的人都是有身份地位的人。

⑦ 吴钩：春秋时代吴国人擅长打造一种弯刀，因此得名。后来也用来泛指锋利的剑。

⑧ 鼎食：享用丰盛美食。在古代，贵族家庭用大鼎盛装珍馐美味，并伴以钟声和鼓点，这就是所谓的钟鸣鼎食的由来。

⑨ 百和：形容烹饪出多种美味佳肴。和，在这里指烹饪。

⑩ 黑子过龙醢（hǎi）：黑子，没有明确解释，有人说是鱼子。龙醢，指龙肉酱。这里指非常美味的食物。醢，用肉、鱼等做成的酱。传说中的美食，就是今天人们说的美味佳肴。

⑪ 蟹蝑（xū）：也写作“蟹胥”，指用螃蟹做成的酱。

⑫ 六清：根据《周礼》的记载，是指水、浆、醴、凉、医、酏六种饮品。后来泛指饮料。

⑬ 九区：九州，古代把中国分成九个区域。后来九州泛指

天下，也就是整个中国。

【解读】

张孟阳在《登成都楼诗》中有说：请问扬雄当年居住的地方在哪？司马相如当年的住所又是什么样子？过去有程郑和卓王孙这两大富豪，每天过着奢侈豪华的生活，可以和王侯家族相媲美。他们家门前总是熙熙攘攘，贵客络绎不绝，腰间挂着镶着翠玉的宝剑。家中钟鸣鼎食，各种新奇美味精致无比。秋天，人们走进林中采摘柑橘，春天人们在江边垂钓。黑子的美味胜过龙肉酱，水果的菜肴鲜美胜过蟹酱。芳香的茶叶胜过其他饮料，它的美味在全国享有盛名。如果人的一生只是追求安逸，那这片乐土还是能够让人尽情享乐的。

傅巽《七诲》①：蒲桃宛柰②，齐柿燕栗，峘阳③黄梨，巫山朱橘④，南中⑤茶子，西极石蜜⑥。

【注释】

①《七诲》：七是一种文学体裁，也可以称为“七体”，是赋的一种形式。起源于西汉时期枚乘的《七发》。

②蒲桃宛柰（nài）：是指蒲地产的桃子和宛地产的柰子。蒲，今山西省永济市。宛，今河南省南阳市。柰，柰子，也叫沙果。

③ 峘（héng）阳：峘，通“恒”。恒阳，一是指恒山以南的地区，二是指今河北省保定市曲阳县。

④ 朱橘：橘子。橘子成熟后通常呈现红色，所以被称为朱橘。

⑤ 南中：古代地名，相当于现在四川大渡河以南、贵州西部和云南全境。

⑥ 西极石蜜：西极，西边的尽头。意思是西方很远的地方。这里指的是长安以西的地域。石蜜，一种用甘蔗熬成的糖。

## 【解读】

傅巽在《七诲》中写道：蒲地产的桃子，宛地产的柰子，齐地产的柿子，燕地产的板栗，恒阳产的黄梨，巫山产的橘子，南中产的茶子，西极产的石蜜。

弘君举《食檄》：寒温[①]既毕，应下霜华之茗[②]。三爵[③]而终，应下诸蔗、木瓜、元李、杨梅、五味[④]、橄榄、悬豹[⑤]、葵羹[⑥]各一杯。

## 【注释】

① 寒温：寒暄，嘘寒问暖。这里指宾客和主人见面时的客气话。

② 霜华之茗：指茶汤表面漂浮着一层白色茶沫的优质

茶叶。

③ 三爵：喝了三杯。爵，古代盛酒的器皿。这里作为计量单位。

④ 五味：五味子，一种植物果实，有南北之分，南方产的为红色，北方产的为黑色。主要治疗肺虚引起的咳喘、盗汗、遗精等症状。

⑤ 悬豹：茶学家吴觉农觉得应该是“悬钩”。悬钩，指山莓。

⑥ 葵羹：用冬葵制作的汤。是一种一至二年生的草本植物，它的茎叶可以作为食材食用，也可以作为药材使用，有清热利湿的功效。

## 【解读】

弘君举在《食檄》中有说：见面嘘寒问候之后，先献上饮用漂浮着白沫的优质茶汤。客人喝完三杯后，再端上甘蔗、木瓜、李子、杨梅、五味子、橄榄、悬钩、冬葵羹各一杯。

孙楚《歌》[1]：茱萸出芳树颠，鲤鱼出洛水泉。白盐出河东[2]，美豉出鲁渊[3]。姜、桂、茶荈出巴蜀，椒、橘、木兰出高山。蓼[4]苏[5]出沟渠，精稗[6]出中田。

## 【注释】

①《歌》：已经失传。近代藏书家丁福保在《全汉三国晋南北朝诗》的《全晋诗》卷四中收录了这首歌，题名为“出歌”。

② 河东：晋代的郡名，隶属于司州。境内的解州（今山西省运城市西南）、安邑，今山西省运城市东北以生产池盐而闻名。

③ 鲁渊：鲁，位于今山东省西南部。渊，指湖泽。

④ 蓼（liǎo）：蓼科植物的泛称。属于一年生或多年生草本植物，开白色或浅红色的小花。叶片辛辣，可用作调味品。

⑤ 苏：紫苏，也叫桂荏，属于一年生草本植物，茎呈方形，花朵颜色淡紫，种子可以榨油，嫩叶可以食用，叶、茎和种子都可以药用。紫苏叶是中医上用于风寒解表的药物。风寒解表就是对具有恶寒、发热、头疼、咳嗽、嗓子疼等症状的患者起到发汗散寒的作用。

⑥ 稗（bài）：属于禾本科的一种一年生草本植物，也叫稗草、稗子，是对水稻有害的杂草，遍布全球温暖地区。这里指的是精米。

## 【解读】

孙楚在《歌》中又说：茱萸生长在优质树木的树顶，鲤鱼产自洛水。白盐产自河东郡，美味的豆豉出自鲁地的湖泽。姜、桂、茶都来自巴蜀，椒、橘、木兰都生长在高山。蓼草和紫苏都长在沟渠里，精米都生长在田中。

华佗[①]《食论》：苦荼久食，益意思。

【注释】

① 华佗：字元化，也叫旉，东汉时期沛国谯（今安徽省亳州市）人。东汉末著名医学家。

【解读】

东汉著名医学家华佗在《食论》中写道：长时间喝苦荼，可以帮助提高思维能力。

壶居士[①]《食忌》：苦荼久食，羽化。与韭同食，令人体重。

【注释】

① 壶居士：古代道家真人之一，他也被称为壶公。传说他在空荡荡的房间里悬挂着一只大壶，到了晚上，他会跳进壶里进入另一个世界，据说里面是别有一番天地景象。

【解读】

壶居士在《食忌》中说：长期喝苦茶会让人有飘飘欲仙的感觉。如果茶和韭菜一起食用，会导致体重增加。

郭璞《尔雅注》云：树小似栀子，冬生叶[①]可煮羹饮。今呼早取为荼，晚取为茗，或一曰荈，蜀人名之苦荼。

【注释】

① 冬生叶：茶树属于常绿树，进入立冬后，在适合的地理和气候条件下，依然能够长出嫩芽。山茶科、山茶属灌木或小乔木，嫩枝无毛。叶革质，长圆形或椭圆形。茶树的叶子可制茶（有别于油茶树），种子可以榨油。

【解读】

郭璞在《尔雅注》中说：茶树矮小，像栀子一样，冬天叶片不凋零，新长出的叶片可以用来煮汤喝。现在把早采摘的叫作“荼”，晚采摘的叫作“茗”，也叫作“荈”，蜀地人们都称它为“苦荼”。

《世说》[①]：任瞻，字育长。少时有令名[②]，自过江[③]失志。既下饮，问人云：“此为荼？为茗？”觉人有怪色，乃自分明云："向问饮为热为冷。"

【注释】

① 《世说》：即《世说新语》，总共八卷，由南朝时期宋国刘义庆和门下文人整理收集前人的著作而成。

② 令名：形容美好的声誉，好的名声。

③ 过江：西晋被前赵刘聪打败后，晋国皇室决定跨过长江南渡，定都建康，史称东晋。原来西晋的官员们大多也跟着渡过长江，投靠东晋，任瞻也是其中之一，这种行为叫作过江。

【解读】

《世说新语》中有这样一则记载：任瞻，字育长。年少时期声誉很好，但自从渡过长江后就精神恍惚了。有一次喝茶时，他问别人说："这是茶？还是茗？"察觉到旁人一脸的不解，他赶紧解释说："我刚才是在问这茶是热的还是凉的。"

《续搜神记》[①]：晋武帝[②]世，宣城人秦精，常入武昌山[③]采茗。遇一毛人，长丈余，引精至山下，示以丛茗而去。俄而复还，乃探怀中橘以遗精。精怖，负茗而归。

【注释】

① 《搜神后记》：又名《续搜神记》，是《搜神记》

的续书。题为东晋陶潜（365—427）撰。所记有元嘉十四年（437）、十六年（439）事，其伪待辩。有陶潜死后事，故疑此书为伪托。

② 晋武帝：西晋开国皇帝司马炎，字安世，司马昭的儿子，统治西晋二十六年。

③ 武昌山：位于今湖北省鄂州市南部。传说在三国时期，吴国孙权曾经在这里建都，希望通过武力让国家兴盛，所以取名武昌山。

## 【解读】

在《续搜神记》中有这样的记载：晋武帝统治时期，宣城人秦精经常到武昌山采摘茶叶。有一次，他遇到了一个毛发旺盛的人，身高超过一丈。毛人带着秦精来到山脚下，指着一丛丛茶树给他看，然后才离开。过了一会儿又回来，从怀里掏出橘子送给秦精。秦精非常害怕，赶紧背着茶叶回家去了。

《晋四王起事》①：惠帝蒙尘②还洛阳，黄门③以瓦盂盛茶上至尊。

## 【注释】

① 《晋四王起事》：据传这部书总共有四卷，我国南北朝时期南朝的卢琳所撰写。这部书主要记录了晋惠帝征讨成都王司

马颖的战争，但最终却以战败为结局。原书已经失传。

② 蒙尘：用来形容皇帝被驱逐出皇宫流亡在外的境遇。

③ 黄门：古代官职名称，可以指官员，也可以指宦官，在这里特指宦官。

【解读】

《晋四王起事》记录：在晋朝八王之乱期间，惠帝被迫流落在外，后来回到洛阳。宦官用简陋的陶碗端来茶水奉给惠帝品尝。

《异苑》[①]：剡县陈务妻，少与二子寡居，好饮茶茗。以宅中有古冢，每饮，辄先祀之。二子患之，曰："古冢何知？徒以劳意！"欲掘去之，母苦禁而止。其夜，梦一人云："吾止此冢三百余年，卿二子恒欲见毁，赖相保护，又享吾佳茗，虽潜壤朽骨，岂忘翳桑之报[②]！"及晓，于庭中获钱十万，似久埋者，但贯新耳。母告二子，惭之。从是祷馈愈甚。

【注释】

① 《异苑》：一部志怪小说集，是东晋末年刘敬叔所写。目前保存下来的有十卷。

② 翳（yì）桑之报：翳桑，古代的地名。在春秋时期，晋国的赵盾曾经在翳桑救了即将饿死的灵辄。后来，晋灵公想要杀害

赵盾，灵辄勇敢地扑杀了恶犬，救出赵盾。

【解读】

在《异苑》中有这样一个故事：剡县陈务的妻子，年轻时就独自带着两个儿子过着守寡的生活，她非常喜欢喝茶。因为院子里面有一座古墓，每次喝茶前都会向古墓祭奠。两个儿子觉得这样做很烦，说："古墓又能知道什么？纯粹是在浪费时间精力！"他们想把古墓挖掉，经过母亲苦苦的劝说才肯作罢。

这天夜里，陈务的妻子梦到一个人对她说："我已经在这个墓里住了三百多年了，你的两个儿子总是想要毁掉它，全靠你的保护，还拿出好的茶叶供我享用，虽然我只是深埋地下的枯骨，但是又怎么能忘记你的恩情不报呢？"

第二天天亮，她在院子里发现了十万铜钱，看起来像是埋藏了很长时间，但穿钱的绳子却是全新的。母亲把这件事情告诉了两个儿子，两个儿子感到非常惭愧。从那以后，他们一家人又像从前一样，更加虔诚地向古墓忏悔和祈祷。

《广陵耆老传》①：晋元帝②时有老姥，每旦独提一器茗，往市鬻③之，市人竞买。自旦至夕，其器不减。所得钱散路傍孤贫乞人，人或异之。州法曹絷④之狱中。至夜，老姥执所鬻茗器，从狱牖中飞出。

【注释】

① 《广陵耆老传》：作者和出书年代已经不可考证。这本书大概是记录了广陵地区人物传奇的故事。

② 晋元帝：东晋的开国皇帝司马睿，字景文，定都建康（今江苏省南京市）。

③ 鬻（yù）：有出售、使用、盗取等意思。这里特指卖，出售。

④ 法曹絷（zhí）：法曹，官名，古代掌管法律的官员。絷，指捆、绑、拘禁、束缚。

【解读】

在《广陵耆老传》中有这样一个故事：晋元帝时期有一位老婆婆，每天早晨就提着一器皿的茶叶独自到集市上卖，集市上的人都争抢着购买。从早到晚，那器皿里的茶叶也不见减少。她把卖茶赚来的钱都施舍给了路旁的孤儿、穷人和乞丐，有人对她的行为感到非常奇怪，向官府报告了这件事。州府掌管法律的官吏把她捆绑起来，关进了监狱。到了夜里，老妇人提着卖茶的器皿，从监狱的窗户飞了出去。

《艺术传》[①]：敦煌人单道开，不畏寒暑，常服小石子。所服药有松、桂、蜜之气，所饮茶苏而已。

【注释】

①《艺术传》：指的是房玄龄所写的《晋书·艺术列传》。陆羽在引用文字时并没有完全录用全文，与原文略有不同。

【解读】

《晋书·艺术列传》中说：敦煌人单道开，不害怕严寒和酷暑，经常吃一些小石子。他吃的药物带有松树、桂皮、蜂蜜的香气，喝的只是茶和紫苏混合制作成的饮料而已。

释道说《续名僧传》①：宋释法瑶，姓杨氏，河东人。元嘉②中过江，遇沈台真③，请真君武康小山寺。年垂悬车④，饭所饮茶。大明⑤中，敕吴兴礼致上京，年七十九。

【注释】

①《续名僧传》：《新唐书·艺文志》中记录了从晋代到唐代历代的《高僧传》和《续高僧传》等著作。据推测，《续名僧传》也是其中一部。

②元嘉：南朝宋文帝刘义隆的年号，共二十九年（424—453）。

③沈台真：沈演之，字台真，南朝宋国吴兴郡武康（今浙

江省湖州市德清县）人。

④ 年垂悬车：形容年纪很大。这里特指释法瑶的年龄。

⑤ 大明：这里是指我国南北朝时期南朝宋孝武帝的年号，在位共八年（457—464）。

## 【解读】

释道说在《续名僧传》中说道：南朝宋国高僧法瑶，本名姓杨，来自河东地区。元嘉年间渡过长江，遇到了沈演之，并邀请沈演之到武康的小山寺。当时，法瑶已经将近七十岁了，常常用茶代替饭菜。到了大明年间，南朝宋孝武帝颁布诏令，要求吴兴地区的官员们将法瑶隆重送到京城，那时他已经七十九岁了。

宋《江氏家传》①：江统，字应元，迁愍怀太子②洗马③，尝上疏，谏云："今西园卖醯④、面、蓝子、菜、茶之属，亏败国体。"

## 【注释】

① 《江氏家传》：南朝宋国江饶所写，总共七卷，现在已经失传。

② 愍（mǐn）怀太子：司马遹，字熙祖，小名沙门。晋惠帝的儿子，生前被立为太子，但后来被贾皇后杀害。谥号"愍怀"。

③ 洗马：官职名称，秦朝设立。汉朝时期也叫“先马”。秦汉时期是太子的侍从官，出行时负责作为前导，因此得名。

④ 醯（xī）：用于保存蔬果、鱼蛋和牡蛎的纯醋或添加香料的醋。

【解读】

南朝宋国的《江氏家传》中说：江统，字应元，提拔担任愍怀太子洗马，曾经上呈奏章，劝谏说：“现在在西园卖醋、面、篮子、菜、茶等物品，有损国家体面。”

《宋录》[①]：新安王子鸾、豫章王子尚诣昙济道人于八公山。道人设茶茗，子尚味之，曰：“此甘露也，何言茶茗？”

【注释】

① 《宋录》：相传是南朝时期齐国王智深所写，但没有依据。

【解读】

《宋录》中记载：新安王刘子鸾、豫章王刘子尚来到八公山拜见昙济道人。昙济道人用茶热情招待两人，刘子尚尝了一口后说：“这简直就是甘露啊，怎么能说是茶呢？”

王微[①]《杂诗》：寂寂掩高阁，寥寥空广厦。待君竟不归，收领今就槚[②]。

**【注释】**

① 王微：字景玄，琅邪临沂（今属于山东省）人，南朝时期宋国诗人。著有《文集》与《叙画》五篇。

② 就槚：有两种解释，第一种是去喝茶，另一种是将要去世。

**【解读】**

王微在《杂诗》中写道：安静地关上高阁的门，寂静清冷的大厦空空荡荡。长时间等待随军出征的丈夫却迟迟没有回来，只能强忍着泪水，孤独地喝茶度日。

鲍照妹令晖著《香茗赋》。

**【解读】**

鲍照的妹妹鲍令晖曾经写了一篇《香茗赋》。

南齐世祖武皇帝遗诏[①]：我灵座[②]上慎勿以牲为祭，但设饼果、茶饮、干饭、酒脯而已。

【注释】

① 南齐世祖武皇帝遗诏：《南齐书》第三卷记载南朝齐武帝萧赜在永明十一年七月临终前所写的遗诏，文字略有不同。

② 灵座：即灵位。是指新去世的人刚刚安葬后，用来祭祀的桌子。

【解读】

南朝齐世祖武皇帝在遗诏中写道：我的灵位上千万不可以宰杀牲畜作为祭品，只需要摆放一些饼果、茶水、干饭和酒脯就可以了。

梁刘孝绰《谢晋安王①饷米等启》：传诏②李孟孙宣教旨，垂赐米、酒、瓜、笋、菹③、脯、酢④、茗八种。气苾新城，味芳云松⑤；江潭抽节，迈昌荇之珍⑥；疆埸擢翘，越葺精之美⑦。羞非纯束野麐，裛似雪之驴⑧；鲊⑨异陶瓶河鲤⑩，操如琼之粲⑪。茗同食粲，酢类望柑⑫。免千里宿舂，省三月种聚⑬。小人怀惠⑭，大懿⑮难忘。

【注释】

① 晋安王：即南朝梁国简文帝萧纲，字世缵，最初被封为晋安王，昭明太子去世后，成为皇太子，即位后被称简文帝。

② 传诏：我国古代官职名称，有时会专门设立，有时会根据情况临时派遣。

③ 菹（zū）：指长有较多水草的超泽地区。这里是指酸菜，腌菜。

④ 酢（cù）：同“醋”，一种带有酸味的液体调味料，通常由粮食发酵酿制而成。

⑤ 气苾（bì）新城，味芳云松：米的气味非常香，就像新城米一样；酒的香气飘向四方，就像松树高耸云霄。苾，香气。新城，今浙江省杭州市富阳区。

⑥ 江潭抽节，迈昌荇（xìng）之珍：江边新长出的竹笋要远比菖蒲和荇菜美味。江潭，江边。昌，通“菖”，菖蒲。

⑦ 疆埸（yì）擢翘，越葺精之美：田里长势喜人的瓜果蔬菜，美味程度超乎寻常。疆埸，田地的边界。大的称为疆，小的称为埸。擢，挑选。翘，超越寻常。葺精，超乎想象的好。

⑧ 羞非纯（tún）束野麏（jūn），裛（yì）似雪之驴：送来的肉脯，虽然不是用白茅草捆绑的獐鹿肉，却是包裹精美的雪白干肉脯。羞，珍馐。纯束，捆绑，包扎。麏，同“麇”，獐子。裛，缠绕。

⑨ 鲊（zhǎ）：用盐腌制的食物，这里特指用盐腌的鱼。

⑩ 河鲤：生活在黄河之中的鲤鱼，味道极其鲜美可口。

⑪ 操如琼之粲：您送的大米就像美玉一样晶莹剔透。操，拿着。琼，美玉。粲，优质的米。

⑫ 酢类望柑：送来的醋就像是看到柑橘、闻到柑橘那酸味一样的美好。

⑬ 免千里宿舂，省三月种聚：送来的这些食物真的太多太丰富了，可以吃好几个月，不需要自己再去收集了。千里、三月这些都是虚词，没有实际意义。

⑭ 怀惠：表示怀念和感念他人的恩惠，表达对他人好意的感激之情。

⑮ 懿（yì）：形容人的德行美好、善良。

## 【解读】

南朝梁国刘孝绰在《谢晋安王饷米等启》一文中说：传诏官李孟孙传达了您的谕令，赏赐给我的大米、酒、瓜、笋、腌菜、肉干、醋、茶等八种食品。大米的香气就像新城米一样，酒香四溢，就像松树直冲云霄；江边新长出的竹笋，比起菖蒲、荇菜等更加美味；田间挑选的瓜菜，甚至要比上好的美味还要美味。虽然不是用白茅草包裹的香獐肉，但确实包裹精美的雪白干肉脯；用盐腌制的鱼要比陶瓶养的黄河鲤鱼还要鲜美可口，大米晶莹剔透宛如美玉。茶叶也是非常优质，醋的酸味就像看到柑橘的酸味一样美好。有这么多丰盛的食物可以吃好长时间，不需要自己再去收集食物了。我感激您给我的恩惠，您的恩德我永远不会忘记。

陶弘景《杂录》：苦茶轻身换骨，昔丹丘子、黄山君服之。

【解读】

陶弘景在《杂录》中有写道：苦茶可以让人感到身体轻松，焕然一新，从前丹丘子、黄山君都喜欢喝它。

《后魏录》：瑯琊王肃仕南朝[①]，好茗饮、莼羹[②]。及还北地，又好羊肉、酪浆。人或问之："茗何如酪？"肃曰："茗不堪与酪为奴。"

【注释】

① 南朝：420年东晋灭亡之后，刘宋取代了东晋，接着在中国南方陆续出现了宋、齐、梁、陈四个政权，历史上被称为"南朝"时期。

② 莼（chún）羹：莼菜做的汤羹。莼，莼菜，一种多年生水草，春夏季节可以食用它的叶子。

【解读】

在《后魏录》中记录着这样一件事：瑯琊王肃还在南朝做官的时候，特别喜欢喝茶，以及吃莼菜做的汤羹。等他回到北方后，又开始喜欢吃羊肉、喝羊奶。有人问他："茶和奶酪相比，你觉得怎么样？"王肃回答："茶和奶酪不能相比，茶连给奶酪做奴仆都不够资格。”

《桐君录》[①]：西阳、武昌、庐江、晋陵[②]好茗，皆东人作清茗[③]。茗有饽，饮之宜人。凡可饮之物，皆多取其叶，天门冬、拔葜[④]取根，皆益人。又巴东[⑤]别有真茗茶，煎饮令人不眠。俗中多煮檀叶并大皂李[⑥]作茶，并冷。又南方有瓜芦木，亦似茗，至苦涩，取为屑茶饮，亦可通夜不眠。煮盐人但资此饮，而交、广[⑦]最重，客来先设，乃加以香芼辈[⑧]。

【注释】

① 《桐君录》：全名叫作《桐君采药录》，共三卷，属于药物学著作，现在已经遗失。

② 西阳、武昌、庐江、晋陵：分别指的是两晋南北朝时期的西阳郡，今湖北省黄冈市，武昌郡，今湖北省鄂州市，庐江郡，今安徽省六安市舒城县，晋陵郡，今江苏省常州市。

③ 清茗：清茶，指没有加入葱、姜等调料的茶。

④ 天门冬、拔葜（qiā）：天门冬，一种多年生攀缘草本，可以药用，具有润肺止咳，养阴生津的功效。拔葜，又叫金刚根，具有祛除风湿、利尿、解毒的功效。

⑤ 巴东：即巴东郡，属于益州，位于今重庆市奉节县东。

⑥ 大皂李：即皂荚，又被称为皂角等。它的种子煮熟后可以用糖渍的方式食用。它的荚、种子和刺都可用作药材。

⑦ 交、广：指交州和广州，今广西梧州市和广东广州市。

⑧ 香芼辈：指的是各种带有方形气味的香草作料。

【解读】

《桐君录》一书说：西阳、武昌、庐江、晋陵等地区的人都非常喜欢喝茶，主人家会端上清茶招呼客人。茶汤表面漂浮着泡沫，喝了对人身体有好处。通常用来煮茶的植物，大多是用它的叶子，而天门冬、拔葜却是用它们的根，也是对身体有益的。此外，巴东地区出产一种茗茶，煎煮喝了之后会让人难以入睡。当地人还喜欢把檀木叶和皂荚叶煎煮当茶，这两种茶都清凉爽口。另外，南方有一种瓜芦树，她的叶片看起来很像茶，但味道极苦，磨成粉后当茶喝，也会让人整夜不眠。煮盐的人常常靠这种瓜芦茶提神，交州和广州一带的人很喜欢这种茶，客人来了都会优先奉上，还会加入各种香料。

《坤元录》[①]：辰州[②]溆浦县西北三百五十里无射山，云蛮俗当吉庆之时，亲族集会歌舞于山上。山多茶树。

【注释】

① 《坤元录》：一本古代地理学著作，现在已经失传。《宋史》记载该书作者是唐代的魏王李泰，说它有十卷。

② 辰州：地名。在唐朝属于江南道范围，位于今天湖南省

一带。

【解读】

《坤元录》中说：在辰州溆浦县的西北方三百五十里的地方，有一座无射山，据说那里的风俗非常特别，当有喜事的时候，同族的人会聚集在山上唱歌跳舞。山上生长着很多茶树。

《括地图》[①]：临遂县[②]东一百四十里有茶溪。

【注释】

①《括地图》：主要记载虚幻的地理博物传说，有文有图，以图为主，著者不详。

②临遂县：历史典籍中并没有这个县名的记载。南宋王象之在《舆地纪胜》卷五五引用了《括地志》的内容："临蒸县百余里有茶溪。"因此这里应当为"临蒸县"，今湖南省衡阳市。

【解读】

《括地图》中记录：在临蒸县向东一百四十里的地方，有一条茶溪。

山谦之《吴兴记》：乌程县[①]西二十里有温山[②]，出御荈。

【注释】

① 乌程县：吴兴郡治所所在的地方，今浙江省湖州市。

② 温山：在今湖州省北部郊区的白雀乡和龙溪交界处。

【解读】

山谦之在《吴兴记》中写道：乌程县往西二十里的地方有座温山，出产向朝廷进贡的茶叶。

《夷陵图经》[①]：黄牛、荆门、女观、望州等山，茶茗出焉。

【注释】

① 《夷陵图经》：一部描述夷陵地理环境的地方志。夷陵，郡名，位于今湖北省宜昌市地区。

【解读】

《夷陵图经》中记载：在黄牛山、荆门山、女观山、望州山等大山里，都生产茶叶。

《永嘉图经》[①]：永嘉县东三百里有白茶山。

【注释】

①《永嘉图经》：隋唐时期，一部关于永嘉郡的地理著作。现在已经失传。永嘉郡，位于今浙江省温州市附近。

【解读】

根据《永嘉图经》的描述：永嘉县以东三百里的地方有座白茶山。

《淮阴图经》[①]：山阳县南二十里有茶坡。

【注释】

①《淮阴图经》：关于淮阴地方的地理著作。淮阴指的是楚州淮阴郡，位于今江苏省淮安市附近。

【解读】

根据《淮阴图经》的描述：山阳县以南二十里的地方有茶坡。

《茶陵图经》[①]云：茶陵者，所谓陵谷生茶茗焉。

【注释】

①《茶陵图经》：茶陵地区的地理著作。茶陵，茶陵县，位于今湖南省株洲市茶陵县东北部

【解读】

《茶陵图经》一书中说：茶陵这个地方，就是在山陵峡谷中生长着茂盛茶叶的意思。

《本草·木部》：茗，苦荼。味甘苦，微寒，无毒。主瘘疮[①]，利小便，去痰渴热，令人少睡。秋采之苦，主下气消食。注云："春采之。"

【注释】

① 瘘（lòu）疮：瘘，瘘管，指人体内部因为病变长时间没有治愈，脓液溃出形成的管子。疮，疮疖，经常会发生溃疡。

【解读】

《本草·木部》中有记录：茗，也被称为苦荼。味道既甜又苦，性质稍微凉爽，没有任何毒性。主要用于治疗瘘疮，促进排尿，去痰，解渴，退热，减少睡眠。在秋天采摘的茗带有苦味，可以舒缓气息，促进消化。原注上说："最好在春天采摘。"

《本草·菜部》：苦菜，一名荼，一名选，一名游冬[①]，生益州[②]川谷山陵道旁，凌冬不死。三月三日采，干。注云："疑此即是今茶，一名荼，令人不眠。"《本草注》："按《诗》云'谁谓荼苦'，又云'堇荼如饴'，皆苦菜也。陶谓之苦茶，木类，非菜流。茗，春采谓之苦𣗪。（途遐反。）"

【注释】

① 游冬：一种苦菜。口感苦涩，可以药用，因为是在秋末长出，经过冬季和春季才成熟，因此得名。

② 益州：唐朝时期的地名，位于今四川省成都市。

【解读】

《本草·菜部》一书中说：苦菜，也叫荼，又叫选，还叫游冬，一般生长在益州地区的河谷、山陵和道旁，就算是寒冬也不会被冻死。每年三月三日采摘后焙干。陶弘景解释说："应该就是我们现在常说的茶，或叫荼，喝了之后会让人难以入眠。"《本草注》中还提道："根据《诗经》说的'谁谓荼苦'，又说了'堇荼如饴'，都是在指这种苦菜。陶弘景所说的苦茶，应该是指某种木本植物茶，而不是菜类。茗，是在春季采摘的，成为苦𣗪（读音为途、遐的反切音）。"

《枕中方》[①]：疗积年瘘，苦茶、蜈蚣并炙，令香熟，等分，捣筛，煮甘草汤洗，以末傅之。

【注释】

①《枕中方》：唐朝著名医药学家孙思邈所撰，虽然原始版本已经失传，但很多古代医书里都引用了它的药方。

【解读】

《枕中方》中记载：治疗已经身患多年的瘘疾，可以把苦茶和蜈蚣一起烤炙，烤熟并且散发出香气后，分成均等两份，捣碎过筛成粉，另外再煮甘草水清洗患病的地方，再外敷细粉。

《孺子方》[①]：疗小儿无故惊蹶[②]，以苦茶、葱须煮服之。

【注释】

①《孺子方》：应该是治疗小孩疾病的书，已佚。

②惊蹶：即惊厥，小儿常见的急症。发作时，表现为突然的全身或局部阵挛性抽搐，常伴有意识障碍。

【解读】

《孺子方》中说：治疗小孩不清楚原因的惊厥，可以用苦茶和葱须煮水服用。

# 八之出

山南[①]：以峡州[②]上，（峡州生远安、宜都、夷陵三县[③]山谷。）襄州[④]、荆州次，（襄州生南漳县[⑤]山谷，荆州生江陵县[⑥]山谷。）衡州[⑦]下，（生衡山[⑧]、茶陵二县山谷。）金州[⑨]、梁州[⑩]又下。（金州生西城、安康二县[⑪]山谷。梁州生褒城、金牛二县[⑫]山谷。）

【注释】

① 山南：即山南道，唐朝贞观年间十道之一。管辖范围相当于今四川省、重庆市嘉陵江流域以东，陕西省秦岭、甘肃省嶓冢山以南，河南省伏牛山西南，湖北省涢水以西，重庆市至湖南省岳阳市之间的长江以北地区。

② 峡州：即硖州，因在三峡口得名。位于今湖北省宜昌市。

③ 远安、宜都、夷陵三县：都位于今湖北省宜昌市。远安，今远安县。宜都，今宜都市。夷陵，今夷陵区。

④ 襄州：唐朝州名，今湖北省襄阳市汉水南襄阳城。

⑤ 南漳县：属于襄州，今湖北省西北部的南漳县。

⑥ 江陵县：唐朝时期荆州治所所在地，今湖北省荆州市江陵县。

⑦ 衡州：唐朝时期州名，今湖南省衡阳市附近。

⑧ 衡山：即衡山县，治所位于今湖南省衡山县朱亭镇对岸。

⑨ 金州：唐朝武德年间西城郡改名为金州。其辖区大致相当于今陕西省安康市石泉县以东、旬阳县以西的汉江流域。

⑩ 梁州：政府位置在如今陕西省汉中市南郑区，辖区大概包括了现今陕西汉中、南郑、城固、勉县、宁强县北部地区。

⑪ 西城、安康二县：都位于今陕西省安康市。西城，即今平利县。安康，即今汉阴县。

⑫ 褒城、金牛二县：都在今陕西省汉中市。褒城，即今勉县褒城镇。金牛，即今宁强县大安镇金牛驿村。

## 【解读】

山南地区的茶叶以峡州出产的最好，（峡州的茶叶出产于远安、宜都、夷陵三县的山谷。）襄州、荆州出产的茶叶属稍次一些，（襄州的茶叶产自南漳县的山谷中，荆州的茶叶产自江陵县的山谷中。）衡州出产的茶叶稍微差些，（衡州的茶叶都产自衡山、茶陵两县的山谷里面。）金州、梁州出产的茶叶要更差些。（金州的茶叶都产自西城、安康两县的山谷里面。梁州的茶叶都产自褒城、金牛两县的山谷里面。）

淮南[1]：以光州[2]上，（生光山县黄头港者，与峡州同。）义阳郡[3]、舒州[4]次，（生义阳县[5]钟山[6]者，与襄州同；舒州生太湖县[7]潜山[8]者，与荆州同。）寿州下，（盛唐县[9]生霍山[10]者，与衡山同也。）蕲州[11]、黄州[12]又下。（蕲州生黄梅县[13]山谷，黄州生麻城县[14]山谷，并与金州、梁州同也。）

【注释】

① 淮南：即淮南道，唐朝贞观年间十道之一。辖区范围相当于今江苏省北部、安徽省河南省的南部、湖北省东部，治所位于扬州，今江苏省扬州市。

② 光州：属于淮南道，管辖范围相当今河南省信阳市潢川县、光山县、固始县一带。

③ 义阳郡：唐朝初期将隋朝的义阳郡改名为申州，辖区位于今河南省信阳附近。

④ 舒州：大致范围相当今安徽省安庆市太湖县、宿松县、望江县、桐城市、枞阳县，以及安庆市岳西县、怀宁县。

⑤ 义阳县：唐朝申州的义阳县，今河南省信阳市的南部。

⑥ 钟山：山的名字，位于今河南省信阳市东南部。

⑦ 太湖县：唐朝属于舒州，位于今安徽省安庆市太湖县。

⑧ 潜山：又叫皖山，位于今安徽省潜山市西北部。

⑨ 盛唐县：唐朝开元二十七年霍山县改为盛唐县，今安徽

省六安市。

⑩ 霍山：山名。也就是今安徽省六安市霍山县西南天柱山。

⑪ 蕲（qí）州：唐朝武德四年将隋朝的蕲春郡改名为蕲州，辖区相当于今湖北省黄冈市蕲春县、浠水县、黄梅县等地。

⑫ 黄州：唐朝初期将隋朝的永安郡改名为黄州，辖区相当于今湖北省黄冈市、红安县、麻城市等地。

⑬ 黄梅县：隋朝开皇初年改永兴县为新蔡县，十八年又改为黄梅县，今湖北省黄冈市黄梅县。

⑭ 麻城县：隋朝开皇十八年改信安县设立，治所在今湖北省麻城市。

## 【解读】

淮南地区，光州出产的茶叶被认为是最好的（光山县黄头港和峡州出产的茶叶品质相当）。义阳郡和舒州出产的茶叶稍次（义阳县钟山和襄州出产的茶叶品质相当，舒州太湖县潜山与荆州出产的茶品质相当）。寿州出产的茶叶稍差一些（盛唐县霍山产出的茶叶与衡山出产的茶叶品质相当）。产自蕲州和黄州的茶叶又要差一些（蕲州的茶叶都产自黄梅县的山谷里，黄州的茶叶产自麻城县的山谷里，与金州、梁州产出的茶叶品质相当）。

浙西[①]：以湖州[②]上，（湖州生长城县[③]顾渚山[④]谷，与峡州、光州同；生山桑、儒师二坞、白茅山、悬脚岭[5]，与襄州、荆州、义阳郡同；生凤亭山伏翼阁飞云、曲水二寺[6]、啄木岭[7]，与寿州、常州[8]同。生安吉[9]、武康二县山谷，与金州、梁州同。）常州次，（常州义兴县[10]生君山[11]悬脚岭北峰下，与荆州、义阳郡同；生圈岭善权寺、石亭山[12]，与舒州同。）宣州、杭州、睦州、歙州[13]下，（宣州生宣城县雅山[14]，与蕲州同；太平县生上睦、临睦[15]，与黄州同；杭州临安、於潜二县[16]生天目山[17]，与舒州同。钱塘[18]生天竺、灵隐[19]二寺，睦州生桐庐县[20]山谷，歙州生婺源[21]山谷，与衡州同。）润州[22]、苏州[23]又下。（润州江宁县生傲山[24]，苏州长洲县生洞庭山[25]，与金州、蕲州、梁州同。）

## 【注释】

① 浙西：即浙江西道。管辖范围相当于今安徽、江苏两省长江以南地区，以及浙江省富春江以北、以西地区，还有江西省鄱阳湖东北角的一部分。

② 湖州：隋朝仁寿二年设立，范围相当于今浙江省湖州市长兴县、安吉县、德清县东部。

③ 长城县：大致位于今浙江省湖州市长兴县。

④ 顾渚山：唐朝时期又称为顾山，今浙江省湖州市长兴县西北方的顾渚村。

⑤ 白茅山、悬脚岭：白茅山，茅同“茆”，即指白茆山。

悬脚岭，山名，位于今浙江省湖州市长兴县西北部。

⑥ 凤亭山伏翼阁飞云、曲水二寺：凤亭山位于长兴县西北方四十里的地方。伏翼阁、飞云寺、曲水寺都是山上的寺庙。

⑦ 啄木岭：位于长兴县西北方六十里的地方，山里有很多啄木鸟。

⑧ 常州：唐朝武德三年将毗陵郡改名为常州，治所设在了晋陵县。管辖范围相当今江苏省常州市武进区、无锡市、宜兴市、江阴市等市县。

⑨ 安吉县：属于湖州，即今浙江省湖州市安吉县。

⑩ 义兴县：隋朝开皇九年将阳羡县改为义兴县设立，位于今江苏省宜兴市。

⑪ 君山：古时候叫荆南山。即今江苏省宜兴市西南铜官山。

⑫ 善权寺、石亭山：善权寺，位于宜兴县南方五十里的地方。石亭山是宜兴县城南的一座小山。

⑬ 宣州、杭州、睦州、歙（shè）州：宣州，位于今安徽省宣城市。杭州，位于今浙江省杭州市余杭区一带。睦州，位于今浙江省建德市、杭州市桐庐县和淳安县一带。歙州，位于今安徽省黄山市歙县、祁门县一带。

⑭ 雅山：又叫鸦山、鸭山、丫山，大致位置在今安徽省宣城市宁国市北部地区。

⑮ 太平县生上睦、临睦：太平县，即今安徽省黄山市太平

县。上睦、临睦，唐朝太平县的两个地名。

⑯ 临安、於潜二县：临安，即今浙江省杭州市临安区。於潜，今浙江省临安区西於潜镇。

⑰ 天目山：也叫浮玉山，即今浙江省西北部的天目山。

⑱ 钱塘：位于今的浙江省杭州市。

⑲ 竺、灵隐：天竺，即天竺寺，位于浙江省杭州市灵隐寺南面山中。灵隐，即灵隐寺，位于浙江省杭州市西湖西北灵隐山中。

⑳ 桐庐县：属于睦州，即今浙江省杭州市桐庐县。

㉑ 婺源：属于歙州，位于今江西省上饶市婺源县。

㉒ 润州：又叫丹阳郡，今江苏省镇江市、丹阳市一带。

㉓ 苏州：又称吴郡，位于今江苏省苏州市辖区。

㉔ 江宁县生傲山：江宁县，位于今江苏省南京以及江宁县一带。傲山，山名，位于今南京市郊区。

㉕ 长州县生洞庭山：长洲县，位于今江苏省苏州市一带。洞庭山是太湖上的一些小岛。

## 【解读】

浙江西道的茶叶以湖州产的最好（湖州产的茶叶都来自长城县顾渚山谷中，与峡州、光州的茶叶品质相当；山桑和儒师两个小地方、白茅山、悬脚岭产出的茶叶，与襄州、荆州、义阳郡产出的茶叶品质相当；从凤亭山伏翼阁飞云、曲水两座寺庙及啄木岭的茶叶，与寿州、常州产出的茶叶品质相当。安吉、武康两地山谷出产的茶叶，和金州、梁州的茶叶质量相当）。

常州产的茶叶稍次（义兴县君山悬脚岭北峰下的茶叶，和荆州、义阳郡的茶叶品质相当；圈岭善权寺、石亭山出产的茶叶，和舒州的茶叶品质相当）。

宣州、杭州、睦州、歙州出产的茶叶稍差一些（宣城县雅山出产的茶叶，和蕲州的茶叶品质相当；太平县上睦、临睦出产的茶叶，和黄州的茶叶品质相当；杭州临安、於潜两地天目山出产的茶叶，和舒州的茶叶品质相当。钱塘县天竺、灵隐两寺出产的茶叶，睦州桐庐县山谷出产的茶叶，歙州婺源山谷出产的茶叶，和衡州的茶叶品质相当）。

润州、苏州出产的茶叶更差一些（润州江宁县傲山出产的茶叶，苏州长洲县洞庭山出产的茶叶，和金州、蕲州、梁州的茶叶品质相当）。

剑南①：以彭州②上，（生九陇县马鞍山、至德寺、棚口③，与襄州同。）绵州、蜀州④次，（绵州龙安县生松岭关⑤，与荆州同；其西昌、昌明、神泉县⑥西山者并佳；有过松岭者，不堪采。蜀州青城县生丈人山⑦，与绵州同。青城县有散茶、末茶。）邛州⑧次，雅州、泸州⑨下，（雅州百丈山、名山⑩，泸州泸川⑪者，与金州同也。）眉州、汉州⑫又下。（眉州丹棱县生铁山⑬者，汉州绵竹县生竹山⑭者，与润州同。）

【注释】

① 剑南：即剑南道。相当于今四川省大部，云南省澜沧江、哀牢山以东及贵州省北端、甘肃省文县一带。

② 彭州：唐朝垂拱二年设置，位于今四川省彭州市。

③ 九陇县马鞍山、至德寺、棚口：九陇县，今彭州市。马鞍山，今至德山，位于鼓城的西边。棚口，又作堋口，也在鼓城的西边。

④ 绵州、蜀州：绵州，位于今四川省绵阳市东。蜀州，位于今四川省崇州市。

⑤ 龙安县生松岭关：龙安县，今四川省绵阳市安州区。松岭关，今四川省绵阳市北川县西北。

⑥ 西昌、昌明、神泉县、西山：西昌，位于今四川省绵阳市安州区东南方花荄镇。昌明，位于今四川省江油市附近。神泉县，位于今四川省绵阳市安州区塔水镇。

⑦ 青城县生丈人山：青城县，今四川省都江堰市岷江以西。这里因为有青城山而得名。丈人山，即青城山，在四川省都江堰市。诗人杜甫有“为爱丈人山，丹梯近幽意”。

⑧ 邛（qióng）州：大致位于今四川省邛崃市、成都市大邑县及蒲江县这些地方。

⑨ 雅州、泸州：雅州，位于今的四川省雅安市附近。泸州，位于今四川省泸州市及周围地区。

⑩ 百丈山、名山：百丈山，位于今四川省雅安市名山区东北部。名山，一名蒙山，今四川省雅安市名山区。

⑪ 泸川：今四川省泸州市。

⑫ 眉州、汉州：眉州，今四川省眉山市。汉州，今四川省广汉市、德阳市一带。

⑬ 铁山：即铁桶山，位于今四川省眉山市丹棱县。

⑭ 竹山：即绵竹山，位于今四川省绵竹市。

【解读】

剑南道以彭州出产的茶叶为上品，（来自九陇县马鞍山、至德寺、棚口的茶叶，与襄州茶叶的品质相当。）绵州、蜀州产的茶叶排在稍次，（来自绵州龙安县松岭关的茶叶，与荆州茶叶的品质相当；来自西昌、昌明、神泉县西山的茶叶也相当不错；但松岭以后的茶叶就不值得采摘了。青城县丈人山出产的茶叶，与绵州茶叶的品质相当。青城县有散茶和末茶。）邛州产的茶叶品质稍差，雅州、泸州产的茶叶差一些，（来自雅州百丈山、名山以及泸州泸川的茶叶，与金州茶叶的品质相当。）眉州、汉州产的茶叶品质再差一些。（来自眉州丹棱县铁山和汉州绵竹县竹山的茶叶，与润州茶叶的品质相当。）

浙东[①]：（以越州[②]上，余姚县[③]生瀑布泉岭曰仙茗，大者殊异，小者与襄州同。）明州[④]、婺州次，（明州贸县[⑤]生榆荚村，婺州东阳县⑥东白山，与荆州同。）台州⑦下。（台州始丰县生赤城⑧者，与歙州同。）

## 【注释】

① 浙东：唐朝时期浙江东道节度使方镇的简称为“浙东”，辖区大致相当于今浙江省衢江流域和浦阳流域以东地区。

② 越州：隋大业元年吴州改名设立，辖区包括今浙江省绍兴市、余姚市、上虞区、嵊州市等地。

③ 余姚县：西汉时期设置，位于今浙江省余姚市余姚镇。

④ 明州：管辖范围大约位于今浙江省宁波市鄞州区、奉化区，慈溪市以及舟山群岛一带。

⑤ 贸县：今浙江省宁波市鄞州区

⑥ 东阳县：东阳县素有“婺之望县”“歌山画水”之美称。今浙江省东阳市。

⑦ 台州：唐武德五年改海州为台州。今浙江省台州市。

⑧ 始丰县生赤城：始丰县，位于如今浙江省台州市天台县。赤城，今浙江省临海市。

## 【解读】

浙江东道以越州出产的茶叶为极品，（余姚县瀑布泉岭的茶叶被称为仙茗，大叶茶别具特色，小叶茶与襄州茶叶品质相当。）明州、婺州产的茶稍次，（明州贸县榆荚村和婺州东阳县东白山出产的茶叶与荆州茶叶品质相当。）台州出产的茶叶稍差一些。（台州始丰县赤城的茶叶与歙州茶叶相当。）

黔中①：生思州②、播州③、费州④、夷州⑤。

【注释】

① 黔中：即黔中道。大致在今湖北清江中上游，湖南沅江上游，贵州毕节、桐梓、金沙、晴隆附近，向东延伸至重庆、广西部分地区。

② 思州：大致在今贵州省铜仁市沿河县、印江县，遵义市务川县以及重庆市酉阳县周围。

③ 播州：大致在今贵州遵义市播州区和桐梓县一带。

④ 费州：大致在今贵州德江、思南地区。

⑤ 夷州：大致在今贵州凤冈、绥阳、湄潭周边。

【解读】

黔中道的茶叶大致出产自思州、播州、费州和夷州。

江南①：生鄂州②、袁州③、吉州④。

【注释】

① 江南：即江南道。辖区大致在今浙江、福建、江西、湖

南等省份，以及江苏、安徽长江以南地区，湖北、四川长江以南的部分地区，还包括贵州东北部地区。

② 鄂州：隋朝开皇九年设立。今湖北省武汉市武昌区。

③ 袁州：隋朝开皇十一年设立。今江西省宜春市。

④ 吉州：隋朝开皇年间设立。今江西省吉安市。

【解读】

江南道：茶叶主要产自鄂州、袁州、吉州地区。

岭南①：生福州②、建州③、韶州④、象州⑤。（福州生闽县⑥方山⑦之阴也。）

【注释】

① 岭南：即岭南道。辖区范围大致为今广东省、广西壮族自治区大部、云南南盘江以南及越南北部地区。

② 福州：唐开元十三年设立。即今福建省福州市。

③ 建州：唐武德四年设立。即今福建省南平建瓯市。

④ 韶州：隋开皇九年设立。即今广东省韶关市。

⑤ 象州：隋开皇十一年设立。即今广西象州市。

⑥ 闽县：隋朝皇十二年设立。即今福建省福州市。

⑦ 方山：即今福建省五虎山。因为从福州往南看去，山形方正如几，所以又被称为“方山”。

【解读】

岭南道：茶叶主要产自福州、建州、韶州、象州。（福州的茶叶主要产自闽县方山的北坡。）

其思①、播②、费③、夷④、鄂⑤、袁⑥、吉⑦、福、建、韶、象十一州未详，往往得之，其味极佳。

【注释】

① 思：思州，即今贵州省黔东南苗族侗族自治州岑巩县。

② 播：播州，即今贵州省遵义市播州区。

③ 费：费州，即今贵州省铜仁市德江县。

④ 夷：夷州，即今贵州省遵义市。

⑤ 鄂：鄂州，即今湖北省鄂州市。

⑥ 袁：袁州，即今江西省宜春市袁州区。

⑦ 吉：吉州，即今江西省吉安市吉州区。

【解读】

关于思州、播州、费州、夷州、鄂州、袁州、吉州、福州、建州、韶州、象州这十一个地方的茶叶生产情况了解不太多，但通常可以获得一些茶叶，口感非常出色。

# 九之略

其造具：若方春禁火[①]之时，于野寺山园丛手而掇[②]，乃蒸，乃舂，乃拍，以火干之，则棨、扑、焙、贯、棚、穿、育等七事皆废。

【注释】

① 禁火：过去的习俗是在寒食节这天禁止生火和食用冷食。

② 丛手而掇：让大家聚在一起，共同动手采摘茶叶。

【解读】

制茶的工具：如果在春季寒食节禁火期间，在野外的寺庙或山林茶园，大家一起采摘茶叶，然后当场蒸熟、捣碎、拍打、晾晒，那么就能省去棨、扑、焙、贯、棚、穿、育等七种工具。

其煮器：若松间石上可坐，则具列废。用槁薪、鼎䥶之属，则风炉、灰承、炭挝、火筴、交床等废。若瞰泉临涧[①]，则水方、涤方、漉水囊废。若五人已下，茶可末而精者，则罗废。若援藟[2]跻岩，引絙入洞[3]，于山口炙而末之，或纸包、盒贮，则碾、拂末等废。既瓢、碗、筴、札、熟盂、鹾簋悉以一筥盛之，则都篮废。但城邑之中，王公之门，二十四器阙一，则茶废矣。

【注释】

① 瞰泉临涧：靠近泉水旁边的小溪。

② 援藟（lěi）跻（jī）岩：攀爬着藤蔓登上山石。藟，藤。跻，登，升。

③ 引絙（gēng）入洞：拽着粗大的绳索进入山洞。絙，粗绳索。

【解读】

煮茶工具：如果在松林里找到了合适的石头可以放置茶具，那么就不需要具列了。如果用干柴、鼎锅烧水，那么风炉、灰盆、炭火、火筴、交床等都可以不用。如果靠近泉水或溪流，那么水方、涤方、漉水囊也可以不用。如果出游人数不超过五人，茶叶又能磨得很细，那就不必使用罗筛了。如果想攀缘着藤蔓登上山岩，或者用粗绳索进入山洞，便先在山口将茶烘烤并磨细，或者用纸包或盒子装好，那么碾、拂末也可以不用。如果瓢、碗、火筴、札、熟盂、鹾簋等都放在一个筥内，那么都篮也可以不用。但是，在城市里，对于王公贵族的家庭来说，如果二十四种茶具中有一样缺少，茶道就会废了。

# 十之图

以绢素或四幅或六幅[①]，分布写之，陈诸座隅[②]，则茶之源、之具、之造、之器、之煮、之饮、之事、之出、之略，目击[③]而存，于是《茶经》之始终备焉。

【注释】

① 以绢素或四幅或六幅：用四张或六张白色丝绢。丝绢：白色的丝绸，就是白绢，通常用于书画制作。

② 座隅：座位的旁边。这里的“隅”指的是角落。

③ 目击：看到。击，这里指接触。

【解读】

用四张或六张白色绢布分别写出《茶经》的内容，然后挂在座位旁边。这样一来，关于茶的起源、采制工具、制茶方法、煮茶用具、冲泡方法、品茶礼仪、茶的历史、产地信息以及茶具的使用方法等，都能随时看到，记在心里。于是，《茶经》从头至尾的内容就真正完备了。

# 附：续茶经

## 六之饮

卢仝《茶歌》：“日高丈五睡正浓，军将扣门惊周公。口传谏议送书信，白绢斜封三道印。开缄宛见谏议面，手阅月团三百片。闻道新年入山里，蛰虫惊动春风起。天子未尝阳羡茶，百草不敢先开花。仁风暗结珠蓓蕾，先春抽出黄金芽。摘鲜焙芳旋封裹，至精至好且不奢。至尊之余合王公，何事便到山人家。柴门反关无俗客，纱帽笼头自煎吃。碧云引风吹不断，白花浮光凝碗面。一碗喉吻润；二碗破孤闷；三碗搜枯肠，惟有文字五千卷；四碗发轻汗，平生不平事，尽向毛孔散；五碗肌骨清；六碗通仙灵；七碗吃不得也，惟觉两腋习习清风生。”

**【解读】**

卢仝在《茶歌》里写道：“太阳升得高高挂着，我还睡得正浓，却被军人敲门声惊醒了美梦。门外传来声音，声称是‘谏议大人派我来送信’，我接过一封用白色绢布包裹的信件，上面斜封着三道红色官印。打开信件我仿佛真与谏议见了面，详细描述了圆月般茶饼正好有三百片。听说茶农新年会进入深山，惊蛰前后春风刚吹起。皇帝还没有尝到阳羡茶，百草也不敢提前开花。微风轻抚着那茶树枝枝叶叶上结满了像珠宝般的嫩芽，早春时节金黄色嫩芽便开始绽放。这些嫩芽经过精心焙制、密封包装，最优质的茶叶实在不多。皇帝品尝过后，剩下的便留给王公贵族，怎么会轮到我这个山野之人呢。我杜门谢客在家里，戴上纱帽独自煎茶喝。茶烟袅袅被风儿吹不断，泛光的泡沫聚茶汤表面。一碗喝下去润了喉咙和嘴唇；两碗喝下打破了孤寂忧郁；三碗喝下心中的疲惫一扫而空，只有平生读过的文字五千卷；四碗喝下身上微微出汗，生命中的不如意尽皆从毛孔中散去；五碗喝下皮肤骨肉都仿佛焕然一新；六碗喝下仿佛能和神仙灵怪沟通；七碗喝下真不行，只觉两腋阵阵清风吹起。”

唐冯贽《记事珠》：建人谓斗茶曰茗战。

【解读】

唐朝冯贽在《记事珠》中写道：福建建瓯人将斗茶称为茗战。

《北堂书钞》：杜育《荈赋》云：“茶能调神、和内、解倦、除慵。”

【解读】

虞世南在《北堂书钞》中说：杜育在《荈赋》中写道："喝茶可以让精神振奋，调和内脏功能，解除疲劳，消除懒惰。"

《续博物志》：南人好饮茶，孙皓以茶与韦曜代酒，谢安诣陆纳设茶果而已。北人初不识此，唐开元中，泰山灵岩寺有降魔师，教学禅者以不寐法，令人多作茶饮，因以成俗。

【解读】

李石在《续博物志》中说：南方人喜欢喝茶，三国时期吴国国主孙皓就把茶代替酒赏赐给韦曜。东晋时期谢安拜访陆纳，陆纳只拿出茶和水果款待。北方人最开始不懂喝茶的好处，唐代开元年间泰山灵岩寺里有一位降魔师，教导禅修者如何保持清醒的方法就是多喝茶。慢慢地，喝茶就成了习俗。

《大观茶论》：点茶不一，以分轻清重浊，相稀稠得中，可欲则止。《桐君录》云："若有饽，饮之宜人。虽多不为贵也。"

【解读】

宋徽宗在《大观茶论》中写道：点茶方法各有不同，可以分为轻、清、重和浊四种。如果泡出来的茶水看起来稀稠适当，那就可以停止搅拌了。《桐君录》中也说："茶汤表面有一层浮沫，喝了对身体有益。就算多喝一点儿也不会有害。"

夫茶以味为上，香甘重滑为味之全。惟北苑、壑源之品兼之。卓绝之品，真香灵味，自然不同。

【解读】

就茶而言，味道最关键，清香、甜美、浓厚、滑润这些都有，才算口感完美。只有来自北苑、壑源的茶叶才全具备。只有顶级的茶叶才能散发出纯正清香的美味，这就是与众不同之处。

茶有真香，非龙麝可拟。要须蒸及熟而压之，及干而研，研细而造，则和美具足。入盏则馨香四达，秋爽洒然。

【解读】

茶叶的香气很浓郁，龙涎香和麝香的香气是无法比拟的。要达到这种浓郁的香味，就得先把茶叶蒸熟，然后压黄，晾干后磨成碎末，再细磨成茶粉，最后把调和成糊状的茶叶注入茶模制成茶饼，这样茶叶的香气就会十分浓郁。倒入茶杯时，就会散发出阵阵芳香，就像秋天清爽的天气一样，让人感到清爽宜人。

点茶之色，以纯白为上真，青白为次，灰白次之，黄白又次之。天时得于上，人力尽于下，茶必纯白。青白者，蒸压微生。灰白者，蒸压过熟。压膏不尽则色青暗。焙火太烈则色昏黑。

【解读】

点茶形成的茶汤颜色，以纯白色最好，青白色稍次，灰白色又稍次，黄白色更次。在采制茶叶时，上要利用好自然条件，下要人尽全力，茶色必会是纯白。茶色青白，是因为蒸熟和压黄时火候不够。茶色灰白，是因为蒸熟和压黄时火候过猛。如果压黄时没完全去除茶叶汁液，颜色就会偏青发暗。而如果烘焙时火力太强，颜色就会变黑。

《苏文忠集》：予去黄十七年，复与彭城张圣途、丹阳陈辅之同来院。僧梵英葺治堂宇，比旧加严洁，茗饮芳冽。予问："此新茶耶？"英曰："茶性新旧交则香味复。"予尝见知琴者言，琴不百年，则桐之生意不尽，缓急清浊常与雨旸寒暑相应。此理与茶相近，故并记之。

【解读】

据《苏文忠集》记载：我离开黄州已经十七年了，与彭城的张天骥和丹阳的陈辅之一起来到一座寺院。僧人梵英修建的殿堂比以前更加整洁干净，而且茶水的香气更加浓郁清爽。我好奇地问道："这是新茶吗？"梵英回答说："茶的本质在新旧交融时才能展现出芬芳馥郁。"我曾经听到懂琴的人说过，只要不超过百年，桐木的生机就不会完全消失，而琴的音色轻重缓急往往与天气的雨晴寒暑变化相呼应。这个道理与茶非常相似，所以我将它们一起记录下来。

王焘集《外台秘要》有《代茶饮子》诗，云格韵高绝，惟山居逸人乃当作之。予尝依法治服，其利膈调中，信如所云。而其气味乃一帖煮散耳，与茶了无干涉。

【解读】

唐朝文学家王焘编纂的《外台秘要》中有一首诗叫作《代茶饮子》的诗，文学风格和意境非常高超，只有隐居在山中的文人才能写出这样的佳作。我曾经按照这首诗的方法泡茶喝，喝完之后感觉胸腔通畅，呼吸和谐，确实如诗中所描述的一样。而茶的味道其实就像一副汤剂，与茶毫无关系。

《月兔茶》诗："环非环，玦非玦，中有迷离玉兔儿，一似佳人裙上月。月圆还缺缺还圆，此月一缺圆何年。君不见，斗茶公子不忍斗小团，上有双衔绶带双飞鸾。"

【解读】

苏轼的《月兔茶》诗中写道："像环又不完全是环，像玉又不完全是玉，其中有一只神秘的玉兔，宛如美人裙上的明月。月圆月缺，这月亮缺了一块要到何年才会圆呢。斗茶的公子不忍心去斗这小小的茶团，上面还有双飞的凤凰图案。"

坡公尝游杭州诸寺。一日，饮酽茶七碗，戏书云："示病维摩原不病，在家灵运已忘家。何须魏帝一丸药，且尽卢仝七碗茶。"

【解读】

苏轼曾经游览杭州的各大寺庙。有一天，喝了七碗浓茶后，戏作这样一首诗："示病维摩原不病，在家灵运已忘家。何须魏帝一丸药，且尽卢仝七碗茶。"

《侯鲭录》：东坡论茶。除烦去腻，世固不可一日无茶，然暗中损人不少，故或有忌而不饮者。昔人云，自茗饮盛后，人多患气、患黄，虽损益相半，而消阴助阳，益不偿损也。吾有一法，常自珍之，每食已，辄以浓茶漱口，烦腻既去，而脾胃不知。凡肉之在齿间，得茶漱涤，乃尽消缩，不觉脱去，毋烦挑刺也。而齿性便苦，缘此渐坚密，蠹疾自已矣。然率用中茶，其上者亦不常有。间数日一啜，亦不为害也。此大是有理，而人罕知者，故详述之。

【解读】

赵令畤在《侯鲭录》中记载：苏轼讨论茶。苏轼认为茶能够解除烦闷，清除油腻，世人不可以一天没有茶，但是茶也暗中对人体有一些损害，所以有人忌讳不喝茶。从前有人说，自从喝茶风气盛行后，人们容易患上呼吸和面色发黄的病，虽说喝茶对人体有好有坏，然而消阴壮阳，得不偿失。我有一个方法，经常珍视，每次吃完饭，用浓茶漱口，可以去除脸上的油腻，而且对脾脏和肠胃没有影响。如果牙齿之间还残留肉食物的话，经过茶水的洗漱，就全部消缩，不知不觉脱去，不用再挑剌了。而且牙齿适合苦味，会变得更加坚固，各种蛀蚀疾病也会自然痊愈。当然大多数时候用中等的茶，上等的茶不常有。隔几天喝一次，也没有危害。这个方法很好，知道的人很少，所以在这里详细叙述。

白玉蟾《茶歌》："味如甘露胜醍醐，服之顿觉沉疴甦。身轻便欲登天衢，不知天上有茶无。"

【解读】

白玉蟾在《茶歌》中写道："茶的味道如同甘露胜过醍醐，喝了之后顿时感觉疲劳消失。身体感到轻盈，仿佛想要登上天空中宽广无垠的通道，不知道天上是否也有茶。”

唐庚《斗茶记》：政和二年三月壬戌，二三君子相与斗茶于寄傲斋。予为取龙塘水烹之，而第其品。吾闻茶不问团銙，要之贵新；水不问江井，要之贵活。千里致水，伪固不可知，就令识真，已非活水。今我提瓶走龙塘无数千步，此水宜茶，昔人以为不减清远峡。每岁新茶，不过三月至矣。罪戾之余，得与诸公从容谈笑于此，汲泉煮茗，以取一时之适，此非吾君之力欤？

【解读】

唐庚的《斗茶记》中记载着这样一个故事：政和二年三月壬戌日，几位君子约好一起到我寄傲斋来进行一场斗茶。我特意汲取了龙塘水煮茶，并品尝它的质量。我听说茶的外形无论是圆形的团茶还是方形的茶都不重要，关键是茶要新；水不论江河水还是井泉水，总之要有源头不断流动的水。虽然运来泉水需要跋山涉水，但其中的真假也说不准，即使是真的，也已经不是活水了。如今我提着茶瓶到龙塘汲水没有几千步，这里的水适合煮茶，古人认为不亚于清远峡的水。每年的新茶不到三月就能收到。我以戴罪之身在外能够在外面与朋友们轻松地谈笑，取水煮茶，以换取一时舒适，难道不是茶的原因吧？

蔡襄《茶录》：茶色贵白，而饼茶多以珍膏油（去声）。其面，故有青黄紫黑之异。善别茶者，正如相工之视人气色也，隐然察之于内，以肉理润者为上。既已末之，黄白者受水昏重，青白者受水详明，故建安人斗试，以青白胜黄白。

【解读】

蔡襄在《茶录》中写道：茶汤的颜色最好是白色，但是饼状茶叶通常会被涂抹上一层珍膏（读去声）。因此茶饼表面可能呈现出青色、黄色、紫色、黑色等不同颜色。善于鉴别茶的人，就像相面先生辨别人的气色一样，能够隐约观察到茶叶内部的特质，认为质地润泽的茶叶最为上等。将茶饼研磨成细粉后，颜色呈黄白的茶叶在冲泡后会变得浑浊厚重，而颜色为青白的茶叶在冲泡后则会变得鲜明。因此，建安人在品茶时，认为颜色为青白的茶胜过颜色为黄白的茶。

张淏《云谷杂记》：饮茶不知起于何时。欧阳公《集古录·跋》云："茶之见前史，盖自魏晋以来有之。"予按《晏子春秋》，婴相齐景公时，食脱粟之饭，炙三弋五卵，茗菜而已。又汉王褒《僮约》有"五阳（一作武都）买茶"之语，则魏晋之前已有之矣。但当时虽知饮茶，未若后世之盛也。考郭璞注《尔雅》云："树似栀子，冬生，叶可煮作羹饮。"然茶至冬味苦，岂可复作羹饮耶？饮之令人少睡，张华得之，以为异闻，遂载之《博物志》。非但饮茶者鲜，识茶者亦鲜。至唐陆羽著《茶经》

三篇，言茶甚备，天下益知饮茶。其后尚茶成风。回纥入朝，始驱马市茶。德宗建中间，赵赞始兴茶税。兴元初虽诏罢，贞元九年，张滂复奏请，岁得缗钱四十万。今乃与盐酒同佐国用，所入不知几倍于唐矣！

【解读】

张淏在他的著作《云谷杂记》中说：关于饮茶的起源并没有确切的记载。欧阳修在《集古录·跋》中说道："关于茶的历史记载，大约是在魏晋时期之后才开始出现的。"我考察《晏子春秋》的记载，晏婴担任齐景公的国相时，饮食主要是粗粮，三五样烤禽鸟禽蛋和茗菜而已。另外汉代王褒的《僮约》中也提到了"五阳（有人说是从武都）买茶"，那么魏晋以前就已经有茶事了。只是当时虽然知道饮茶，但没有像后来那样盛行。考证郭璞注释《尔雅》时说："茶树长得像栀子树，冬天叶子不会凋零，可以用来煮成羹。"但是茶叶到了冬天味道苦涩，怎么可能用来煮羹饮用呢？

据说喝茶会让人减少睡眠，张华听说后觉得很奇怪，于是收录到《博物志》中。由此可见，当时喝茶的人很少，了解茶事的人也很少。到了唐朝，陆羽编写了《茶经》三篇，详细谈论了茶事，天下人更加知道饮茶了。以后饮茶成为一种风气。回纥人入朝进贡，开始用马匹换取茶叶。唐德宗建中年间，赵赞建议开始征收茶叶税。兴元初年虽然下诏罢免茶税，到了贞元九年，张滂再次上奏恢复征收茶税，每年可获得四十万两税收。如今茶税已与盐税、酒税一起成为国家的重要财政来源，收入不知道是唐朝的多少倍啊！

《品茶要录》：余尝论茶之精绝者，其白合未开，其细如麦，盖得青阳之轻清者也。又其山多带砂石而号佳品者，皆在山南，盖得朝阳之和者也。余尝事闲，乘晷景之明净，适亭轩之潇洒，一一皆取品试。既而神水生于华池，愈甘而新，其有助乎？

**【解读】**

黄儒在他的著作《品茶要录》中说：我曾经讨论过一种非常精妙绝伦的茶，它是由两片还没有完全展开的小茶叶芽合在一起的，形状像麦芒一样，可能是受到了春天清新气息的滋养。还有一种生长在山区砂石土壤中的优质茶树品种，它们都生长在山的南面，可能是享受了充足的早晨阳光的沐浴。我曾经在闲暇的时候，迎着明亮的阳光，自由自在地来到亭台之间，取来优质的茶叶一一烹试品尝。不一会儿，我就感觉口中生津，而且茶的味道变得更加甘甜清爽，难道这就是茶的神奇功效吗？

昔陆羽号为知茶，然羽之所知者，皆今之所谓草茶。何哉？如鸿渐所论"蒸笋并叶，畏流其膏"，盖草茶味短而淡，故常恐去其膏。建茶力厚而甘，故惟欲去其膏。又论福、建为"未详""往往得之，其味极佳"。由是观之，鸿渐其未至建安欤！

【解读】

从前陆羽号称通晓茶事，但他所熟悉的茶叶类型，其实就是我们今天所说的草茶。为什么这样说呢？比如他提到的“将已经蒸好的茶叶摊开，以防止茶汁流失”，这是因为草茶的回味持续时间短，味道清淡，所以要小心保留其中的茶汁。建安茶口感浓厚、甘甜，所以需要去除多余的茶汁。另外，他对福州、建州茶的了解不够清楚，却经常品尝到一些，味道非常好。由此看来，陆羽生前真没有去过建安吧！

谢宗《论茶》：候蟾背之芳香，观虾目之沸涌。故细沤花泛，浮饽云腾，昏俗尘劳，一啜而散。

【解读】

谢宗在《论茶》中写道：感受到经过烘烤后表面鼓起如蟾蜍背的茶饼散发出的香气，看着热水即将沸腾时茶叶像虾眼蟹目般涌现。茶汤中起泡沫，漂浮在杯面上的气泡如云雾翻滚，所有的忧愁和疲惫，在品尝后都会烟消云散。

《黄山谷集》：品茶，一人得神，二人得趣，三人得味，六七人是名施茶。

【解读】

黄庭坚在《黄山谷集》中写道：喝茶时，一个人品茶能够品味到其中的神韵，两个人品茶可以体会到其中的乐趣，三个人品茶可以品出其中的味道，但六七个人一起品茶就是浪费茶叶了。

沈存中《梦溪笔谈》：芽茶古人谓之雀舌、麦颗，言其至嫩也。今茶之美者，其质素良，而所植之土又美，则新芽一发，便长寸余，其细如针。惟芽长为上品，以其质干、土力皆有余故也。如雀舌、麦颗者，极下材耳。乃北人不识，误为品题。予山居有《茶论》，且作《尝茶》诗云："谁把嫩香名雀舌，定来北客未曾尝。不知灵草天然异，一夜风吹一寸长。"

【解读】

沈括在《梦溪笔谈》中写道：芽茶，古人称之为雀舌、麦颗，是指茶芽非常鲜嫩的意思。如今优质的茶叶，在品质上本来就很好，再加上种植茶叶的土壤肥沃，新芽一长出来就有一寸多长，像细针一样。只有芽长的茶叶才是最好的，这与它的品质、水分以及土壤状况都有关系。像雀舌、麦颗这样的茶芽，品质就比较差了。之所以有前述说法，因为北方人不太懂辨别茶叶，错误地定其高低有别。我曾在山里居住时写过《茶论》，还写了一首《尝茶》的诗："谁把嫩香名雀舌，定来北客未曾尝。不知灵草天然异，一夜风吹一寸长。”

《遵生八笺》：茶有真香，有佳味，有正色。烹点之际，不宜以珍果香草杂之。夺其香者，松子、柑橙、莲心、木瓜、梅花、茉莉、蔷薇、木樨之类是也。夺其色者，柿饼、胶枣、火桃、杨梅、橘饼之类是也。凡饮佳茶，去果方觉清绝，杂之则味无辨矣。若欲用之，所宜则惟核桃、榛子、瓜仁、杏仁、榄仁、栗子、鸡头、银杏之类，或可用也。

**【解读】**

高濂在《遵生八笺》中写道：茶叶本身带着自然的香气，口感极佳，颜色也十分纯正。烹煮泡茶时最好不要加入其他珍贵的水果或香草。会影响茶叶香气的有松子、柑橙、莲心、木瓜、梅花、茉莉、蔷薇、桂花等。会影响茶叶颜色的有柿饼、胶枣、火桃、杨梅、橘饼等。想要品尝到正宗的好茶，最好去掉其他水果，这样才能感受到清雅的茶味。一旦加入其他的东西，茶的味道就无法辨别了。如果非要搭配水果，与茶相容的只有核桃、榛子、瓜仁、杏仁、橄榄仁、栗子、芡实、银杏等，或许可以一起食用。

徐渭《煎茶七类》：茶入口，先须灌漱，次复徐啜，俟甘津潮舌，乃得真味。若杂以花果，则香味俱夺矣。

【解读】

徐渭在《煎茶七类》中写道：喝茶时，第一口茶必须先漱口，然后慢慢品尝，等到甘甜的津液浸润了舌尖，才能真正品出茶叶的味道。一旦加入其他花果，茶的香味就会被完全掩盖。

饮茶宜凉台静室，明窗曲几，僧寮道院，松风竹月，晏坐行吟，清谈把卷。

【解读】

品茶最好选择凉爽的露台或安静的房间，明亮的窗户旁放上一张曲几，或者在寺院或道观，感受风吹拂的松林和月光下摇曳的竹影，悠闲地坐着吟诗或者进行清谈，享受阅读的乐趣。

饮茶宜翰卿墨客，缁衣羽士，逸老散人，或轩冕中之超轶世味者。

【解读】

喝茶适合文人雅士，僧人道士，遁世隐居的人，或者是不受世俗约束的官宦人士。

除烦雪滞，涤醒破睡，谭渴书倦，是时茗碗策勋，不减凌烟。

【解读】

喝茶可以帮助我们消除烦恼，促进消化，解除酒醉，驱除睡魔，如果我们因为长时间的谈话而感到口渴，或者因为阅读而感到疲倦，这时喝茶的效果就像是古代建造凌烟阁来表彰功臣的功劳。

许次纾《茶疏》：握茶手中，俟汤入壶，随手投茶，定其浮沉，然后泻啜，则乳嫩清滑，而馥郁于鼻端。病可令起，疲可令爽。

【解读】

许次纾在《茶疏·烹点》中写道：事先手里拿好一些茶叶，等水烧开后倒入茶壶，然后随手将茶叶投放进去。等到茶叶沉淀后再倒出来喝，这样泡出来的茶汤会清洁滑润，浓郁的香气会在鼻子周围萦绕。喝完之后，生病的人即可痊愈，疲倦的人也能消除疲劳。

一壶之茶，只堪再巡。初巡鲜美，再巡甘醇，三巡则意味尽矣。余尝与客戏论，初巡为婷婷袅袅十三余，再巡为碧玉破瓜年，三巡以来，绿叶成阴矣。所以茶注宜小，小则再巡已终，宁使余芬剩馥尚留叶中，犹堪饭后供啜嗽之用。

【解读】

《茶疏·饮啜》中说：一壶茶，只能冲泡两次。第一次泡出来新鲜味美，第二次冲泡则甘甜醇厚，第三次冲泡就没有味道了。我曾经和客人开玩笑说起这三次冲泡，第一次泡茶就像是十三四岁的少女一样娇嫩可人，第二次泡茶像是十六岁的少女般花香四溢，第三次泡茶就像是已经婚嫁生子的妇人，失去了昔日的青春。所以泡茶时要选小的茶壶，茶壶小的话第二次冲泡就结束了，宁可让剩余的芳香留在茶叶中，还可以供饭后用来漱口。

人必各手一瓯，毋劳传送。再巡之后，清水涤之。

【解读】

《茶疏·荡涤》中说：必须每人手持一个茶瓯，不必麻烦地相互传递。泡完两次茶后，用清水彻底洗净。

若巨器屡巡，满中泻饮，待停少温，或求浓苦，何异农匠作劳但资口腹，何论品赏，何知风味乎？

【解读】

《茶疏·饮啜》中说：如果茶壶太大就需要反复冲泡，有些人会满满地倒上茶水，大口喝下，有些人则会立刻喝掉，放置时间太长茶水就会凉，味道也会变得又浓又苦。这样做就好像农夫、工匠在劳累之后只是为了解渴而饮茶，这有何不同呢？这样怎能谈及茶的品饮和鉴赏呢？又怎能领略到茶的风雅趣味呢？

《煮泉小品》：唐人以对花啜茶为杀风景，故王介甫诗云“金谷千花莫漫煎。”其意在花，非在茶也。余意以为金谷花前，信不宜矣。若把一瓯对山花啜之，当更助风景，又何必羔儿酒也。

**【解读】**

田艺蘅在《煮泉小品》中写道：唐朝的人们认为在花前喝茶会破坏美景，所以王安石在《寄茶与平甫》中写道：“金谷千花莫漫煎。”意思是不要在花前喝茶，因为这样会让人的注意力放在赏花上而不是品茶。我觉得在金谷园的花丛中确实不适合喝茶。如果拿着一杯好茶在山花间品尝，应该能更好地欣赏风景，何必还需要美酒来增添乐趣呢？

茶如佳人，此论最妙，但恐不宜山林间耳。昔苏东坡诗云“从来佳茗似佳人”，曾茶山诗云“移人尤物众谈夸”，是也。若欲称之山林，当如毛女、麻姑，自然仙风道骨，不浼烟霞。若夫桃脸柳腰，亟宜屏诸销金帐中，毋令污我泉石。

【解读】

茶就好比美人，这种说法虽然很精妙，但可能不适合山野林间的茶客生活。就像苏轼的诗中说的“从来佳茗似佳人”，曾几诗中所写“移人尤物众谈夸”，都是这个意思。如果要适应山野林间的生活，就应该像神话中的毛女、麻姑，自然风骨神采与众不同，不会玷污山水、山林。如果比喻为脸像桃花、腰似细柳的美人，那就应该赶紧把她们放进金线嵌的精美帷帐里，不要玷污了我在山水间高雅的品茶生活。

茶之团者、片者，皆出于碾硙之末，既损真味，复加油垢，即非佳品。总不若今之芽茶也，盖天然者自胜耳。曾茶山《日铸茶》诗云“宝铸自不乏，山芽安可无”，苏子瞻《壑源试焙新茶》诗云“要知玉雪心肠好，不是膏油首面新”，是也。且末茶瀹之有屑，滞而不爽，知味者当自辨之。

【解读】

茶，无论是团茶，还是片茶，都是经过磨粉加工而成的，这样既破坏了茶真正的味道，又在茶饼表面涂上了膏油，这样就不能算是好茶。总之不如今天的茶叶，是以天然品质取胜的。曾几在《日铸茶》诗中所说的“宝铸自然不缺，山上的嫩芽更是不可或缺”，苏轼在《壑源试焙新茶》诗中所表达的“要知道好茶的品质，关键不在于外表的油脂”，就是这个意思。而且研磨成粉的茶在冲泡时会有茶屑，饮用起来口感涩而不爽，懂得品茶的人会自然辨别出来。

煮茶得宜，而饮非其人，犹汲乳泉以灌蒿莸，罪莫大焉。饮之者一吸而尽，不暇辨味，俗莫甚焉。

【解读】

煮茶方法得当，而品茶的人不懂得品尝，就像用甘甜清澈的泉水来浇灌野草，实在是一种罪过。如果品茶的人一饮而尽，来不及辨别品味，那就再没有比这个更加俗气的了。

人有以梅花、菊花、茉莉花荐茶者，虽风韵可赏，究损茶味。如品佳茶，亦无事此。

【解读】

有人在泡茶的时候加入梅花、菊花、茉莉花，虽然可以增添观赏性，但最终会破坏茶本身味道。如果你想品尝真正纯粹的好茶，就不要这样做。

今人荐茶，类下茶果，此尤近俗。是纵佳者，能损茶味，亦宜去之。且下果则必用匙，若金银，大非山居之器，而铜又生铫，皆不可也。若旧称北人和以酥酪，蜀人入以白土，此皆蛮饮，固不足责。

【解读】

现在很多人泡茶时都喜欢往茶里面加果品，这样的做法显得很俗气。即使果品再好，也会破坏茶的原本味道，所以应该去除。而且加果子要用茶匙，如果是用金银做的茶匙，不适合山里人喝茶，铜制的容易生锈，也不太好用。至于过去北方少数民族的人煮茶时加酥酪，巴蜀人加白垩，这些都是野蛮的喝法，其实也没必要责备。

罗廪《茶解》：茶通仙灵，然有妙理。

【解读】

罗廪在《茶解》中说：茶与仙人、神灵相通，这确实包含着深奥的道理。

山堂夜坐，汲泉煮茗，至水火相战，如听松涛，倾泻入杯，云光潋滟。此时幽趣，故难与俗人言矣。

【解读】

夜晚坐在山中的寺院里，取泉水来煮茶，到了水火相战，即将沸腾的时候，如同风吹动松林的波涛声，将开水倒在茶瓯中，茶面泛起阵阵光芒，时隐时现。这种幽雅的乐趣，很难用简单的话语让世俗之人听懂。

顾元庆《茶谱》：品茶八要：一品，二泉，三烹，四器，五试，六候，七侣，八勋。

【解读】

顾元庆在《茶谱》中写道：品茶有八大关键要素：一是茶叶品质，二是泉水，三是煮水方式，四是器具选用，五是烹试技巧，六是火候的掌握，七是饮茶的同伴，八是茶的功效。

张源《茶录》：饮茶以客少为贵，众则喧，喧则雅趣乏矣。独啜曰幽，二客曰胜，三四曰趣，五六曰泛，七八曰施。

【解读】

张源在《茶录》中写道：喝茶时最好少一些宾客，因为宾客太多就容易吵闹，喧哗吵闹就会失去风雅的趣味。一个人喝茶可以称为独饮，两个人一起喝称为对饮，三四个人一起喝称为趣饮，五六个人一起喝称为泛饮，七八个人一起喝茶则称为施茶。

酾不宜早，饮不宜迟。酾早则茶神未发，饮迟则妙馥先消。

【解读】

斟茶的时候不要太急，而品饮不要太晚。斟茶过早的话茶叶的神韵还没有发挥出来，品饮太晚的话，茶叶的美妙味道也就消散了。

《云林遗事》：倪元镇素好饮茶，在惠山中，用核桃、松子肉和真粉成小块如石状，置于茶中饮之，名曰清泉白石茶。

【解读】

根据顾元庆在《云林遗事》中的记载：倪瓒平时喜欢喝茶，在惠山中他用核桃、松子仁和面粉混合在一起，做成石头状的小块，放进茶里喝，取名为清泉白石茶。

闻龙《茶笺》：东坡云："蔡君谟嗜茶，老病不能饮，日烹而玩之。可发来者之一笑也。"孰知千载之下有同病焉！余尝有诗云："年老耽弥甚，脾寒量不胜。"去烹而玩之者几希矣。因忆老友周文甫，自少至老，茗碗薰炉，无时暂废。饮茶日有定期：旦明、晏食、禺中、晡时、下舂、黄昏，凡六举，而客至烹点不与焉。寿八十五，无疾而卒。非宿植清福，乌能毕世安享？视好而不能饮者，所得不既多乎。尝蓄一龚春壶，摩挲宝爱，不啻掌珠。用之既久，外类紫玉，内如碧云，真奇物也。后以殉葬。

## 【解读】

闻龙在《茶笺》中记载：苏轼说："蔡襄非常喜欢喝茶，因为年纪大了，身体不好，不能大量饮用，所以每天都会泡茶来欣赏。这样可以逗乐前来的客人。"没想到千年后竟然有人和他有相似的遭遇！我曾经写过一首诗："年纪老了，耽于嗜好，身体受不了。"烹茶只是为了玩赏的人很少了。这让我想起了我的老朋友周文甫，从少年到老年，茶碗熏炉，从未闲置过。他每天喝茶都有固定时间：天亮时、晚饭时、接近中午时、下午三点、日落时、黄昏，一共六次，而宾客往来泡茶款待则不计算在内。寿年八十五岁，无疾而终。如果不是早年就享受到了悠闲的生活，又怎么能够一生安然地享受呢？相比那些喜欢但不能品茶的人，他得到的好处岂不更多吗？他曾经收藏一把春壶，每天珍爱抚摸，如同掌上明珠。用得时间久了，壶的表面像紫玉，里面犹如碧玉，真是一件奇特的物品。他去世后，茶壶也被埋葬在一起。

《快雪堂漫录》：昨同徐茂吴至老龙井买茶，山民十数家，各出茶。茂吴以次点试，皆以为赝。曰："真者甘香而不冽，稍冽便为诸山赝品。"得一二两以为真物，试之，果甘香若兰。而山民及寺僧反以茂吴为非，吾亦不能置辨。伪物乱真如此。茂吴品茶，以虎丘为第一，常用银一两余购其斤许。寺僧以茂吴精鉴，不敢相欺。他人所得，虽厚价亦赝物也。子晋云：“本山茶叶微带黑，不甚青翠。点之色白如玉，而作寒豆香，宋人呼为白云茶。稍绿便为天池物。天池茶中杂数茎虎丘，则香味迥别。虎丘其茶中王种耶？岕茶精者，庶几妃后，天池、龙井便为臣种，其余则民种矣。”

【解读】

冯梦祯在《快雪堂漫录》中写道：昨天，我和徐桂一起去老龙井买茶叶，当地有十多家山民都拿出自己种植的茶叶来卖。徐桂一个个地品尝，觉得都是赝品。他说：“真正的龙井茶应该甘甜清香，而不应该有一丝寒冽，稍微带点寒冽的就是各山产的赝品。”找到一两种认为是真正的龙井茶，试泡之后果然像兰花一样甘甜清香。但是山民和寺庙里的僧人却认为徐桂说得不对，我也无法判断谁是对的。竟然以假乱真到如此地步。徐桂喜欢喝茶，认为苏州虎丘茶为第一，经常用一两多银子买一斤左右的茶叶。寺院的僧人知道徐桂懂得辨别，都不敢欺骗他。其他人买到的虎丘茶，虽价格高却是赝品。乐子晋说：“虎丘山的茶叶略带一点黑色，不是特别翠绿。泡出来的茶色白得像玉，味道清香如寒豆，宋朝人称它为白云茶。颜色再稍绿的就是天池茶。在天池茶中加几片虎丘茶，那香味就截然不同。虎丘茶是茶中的王者吗？罗岕茶中的精品，差不多可以称为茶中的妃后，天池茶、龙井茶可以作为大臣，其他品种的茶只能作为普通百姓了。”

熊明遇《岕山茶记》：茶之色重、味重、香重者，俱非上品。松萝香重；六安味苦，而香与松萝同；天池亦有草莱气，龙井如之；至云雾则色重而味浓矣。尝啜虎丘茶，色白而香似婴儿肉，真称精绝。

【解读】

熊明遇在《罗岕山茶记》中写道：颜色深、口感浓、香气浓烈的茶叶，并不是顶级品质。松萝茶的香气浓郁；六安茶口感苦涩，但香气与松萝茶相仿；天池茶带有草莽的气味，和龙井茶一样；至于云雾茶不仅颜色深，味道也很浓郁。我曾尝过虎丘茶，色泽鲜明，散发出像婴儿肌肤般的香气，可谓绝妙无比。

邢士襄《茶说》：夫茶中着料，碗中着果，譬如玉貌加脂，蛾眉染黛，翻累本色矣。

【解读】

邢士襄在《茶说》中写道：如果茶叶中添加香料，点茶时加入果品，就好比女性貌美如花还要化妆修眉，反而冲淡了原本的颜色。

冯可宾《岕茶笺》：茶宜无事、佳客、幽坐、吟咏、挥翰、倘佯、睡起、宿酲、清供、精舍、会心、赏鉴、文僮。茶忌不如法、恶具、主客不韵、冠裳苛礼、荤肴杂陈、忙冗、壁间案头多恶趣。

【解读】

冯可宾在《岕茶笺》中写道：喝茶最好在闲暇无事的时候，和懂茶道的朋友一起，在幽雅的环境中品茶、以诗词助茶兴、挥毫泼墨、悠闲自在的闲情雅致、酣睡初醒、酒醉未醒、以新鲜的果品佐茶，宁静雅致的茶室、领悟饮茶的艺术、品味茶的韵味、文静灵巧的茶僮。喝茶最忌讳的是烹茶方法不对、使用劣质茶具、主客之间文化思想差异太大、官场交往陈规琐礼、荤肴杂放、忙碌以及在房间里摆放粗俗之物。

谢在杭《五杂俎》：昔人谓："扬子江心水，蒙山顶上茶。"蒙山在蜀雅州，其中峰顶尤极险秽，虎狼蛇虺所居，采得其茶，可蠲百疾。今山东人以蒙阴山下石衣为茶当之，非矣。然蒙阴茶性亦冷，可治胃热之病。

【解读】

谢肇淛在《五杂俎》中写道：古人说："扬子江心水，蒙山顶上茶。"蒙顶山位于四川雅州，峰顶更是险恶不平，是虎狼毒蛇所栖息的地方，采到生长在那里的茶叶，是可以治愈百病的。

如今有些山东人用蒙阴山下的苔藻冒充蒙山茶，这是错误的。但是蒙阴茶性质寒冷，适合治疗胃热的毛病。

凡花之奇香者，皆可点汤。《遵生八笺》云“芙蓉可为汤”，然今牡丹、蔷薇、玫瑰、桂、菊之属，采以为汤，亦觉清远不俗，但不若茗之易致耳。

【解读】

只要香味浓郁的花，都可以用沸水冲泡。《遵生八笺》中提到过“芙蓉可为汤”，但现在无论是牡丹、蔷薇、玫瑰、桂花还是菊花，采回来用沸水冲泡，都能品味到清香幽远的美味，只是相比茶叶来说，获取起来不太容易而已。

北方柳芽初茁者，采之入汤，云其味胜茶。曲阜孔林楷木，其芽可以烹饮。闽中佛手柑、橄榄为汤，饮之清香，色味亦旗枪之亚也。又或以绿豆微炒，投沸汤中，倾之，其色正绿，香味亦不减新茗。偶宿荒村中觅茗不得者，可以此代也。

【解读】

北方柳树新芽刚刚长出的时候，采摘下来用热水冲泡，据说味道比普通茶叶还要好。曲阜孔林里的楷木，它的嫩芽也可以煮来喝。福建的佛手柑和橄榄，同样可以用热水冲泡，喝起来香气清新，味道只是稍微比茶叶差一点点。有人还会把绿豆稍微炒一炒，然后放进热水里冲泡，不一会儿就会变成碧绿的颜色，香味也不输给新鲜的茶叶。偶尔借宿于荒村野店里找不到茶叶喝的时候，可以用这些来代替。

《谷山笔麈》：六朝时，北人犹不饮茶，至以酪与之较，惟江南人食之甘。至唐始兴茶税。宋元以来，茶目遂多，然皆蒸干为末，如今香饼之制，乃以入贡，非如今之食茶，止采而烹之也。西北饮茶不知起于何时。本朝以茶易马，西北以茶为药，疗百病皆瘥，此亦前代所未有也。

**【解读】**

根据于慎行的《谷山笔麈》记载，六朝时期，北方人并不喝茶，他们甚至拿奶酪与茶进行比较，只有长江以南的人喝茶后感觉到甘甜。直到唐朝才开始征收茶税。宋元以来，茶叶的品种逐渐增多，但制作方法都是蒸过、焙干，研磨成细末，就像现在制作香饼一样，就是用来进贡，并不像今天的喝茶，只是采制烹点后饮用。西北地区的人不知什么时候开始喝茶的。在明朝，我们用茶叶交换马匹，而西北地区则将茶叶当作药物，用于治疗各种疾病都能痊愈，这是前代从未有过的事情。

《金陵琐事》：思屯乾道人见万镃手软膝酸，云：“系五藏皆火，不必服药，惟武夷茶能解之。”茶以东南枝者佳，采得烹以涧泉，则茶竖立，若以井水即横。

【解读】

根据周晖的《金陵琐事》记载：吕洞宾看到万镃手软膝酸，便说：“这是因为你五脏里有太多火气，不需要吃药，只要喝武夷茶就可以缓解。”茶叶最好是长在东南方向的树枝上，采摘后用山涧清泉烹煮，茶叶就会竖立起来；如果用井水烹煮，茶叶就会横漂起来。

《六研斋笔记》：茶以芳洌洗神，非读书谈道，不宜亵用。然非真正契道之士，茶之韵味，亦未易评量。尝笑时流持论，贵嘶声之曲，无色之茶。嘶近于哑，古之绕梁遏云，竟成钝置。茶若无色，芳洌必减，且芳与鼻触，洌以舌受，色之有无，目之所审。根境不相摄，而取衷于彼，何其悖耶！何其谬耶！

【解读】

李日华在《六研斋笔记》中写道：茶叶因为它的香气和清爽能让人心情愉悦，不是读书谈说义理，不适合玷污使用。然而对于并不真正懂得道义的人来说，很难评判茶的韵味。我曾经嘲笑那些世俗之人的观点，以声音嘶哑的曲调为贵，以没有色泽的茶为珍贵。嘶哑之声接近于哑，古代那些余音嘹亮、响彻云霄的美妙声音，竟然都会弃置不用。如果茶叶没有色泽，那么芳香和清醇必定减少，而且香气是用鼻子来闻，味道是用舌头来感受的，有没有色泽，是要用眼睛来观察的。茶的色泽、香气、味道从根本上并没有必然联系，如果以此依据来判断，难道不是违背常理吗？多么荒谬可笑！

虎丘以有芳无色，擅茗事之品。顾其馥郁不胜兰芷，止与新剥豆花同调，鼻之消受，亦无几何。至于入口，淡于勺水。清泠之渊，何地不有，乃烦有司章程，作僧流棰楚哉！

【解读】

虎丘茶虽然香气浓郁却无色泽，堪称茶叶中的精品。但它的香气不如兰草和白芷，只能与新鲜剥开的豆花相媲美，用鼻子去闻，也闻不出多少味道。入口后，清淡得比一勺水还要淡。清澈凉爽的深水潭，哪个地方没有，为何还要让官府费心制定各种规章制度，对僧人实行杖刑呢！

《紫桃轩杂缀》：天目清而不醨，苦而不螫，正堪与缁流漱涤。笋蕨、石濑则太寒俭，野人之饮耳。松萝极精者方堪入供，亦浓辣有余，甘芳不足，恰如多财贾人，纵复蕴藉，不免作蒜酪气。分水贡芽，出本不多。大叶老根，泼之不动，入水煎成，番有奇味。荐此茗时，如得千年松柏根作石鼎薰燎，乃足称其老气。

【解读】

李日华在《紫桃轩杂缀》中写道：天目茶清香而不淡，苦涩而无毒害，非常适合僧徒们漱洗和品饮。笋蕨茶和石濑茶显得不太体面，只适宜山野之人品饮。至于松萝茶，只有顶级的才能进贡朝廷，不过茶味香浓泼辣有余，缺乏甜美芳香，就像那些多财的商人，即使再含而不露，也难免透露出一丝辛辣腥膻的气味。分水的贡茶本来就产量稀少。茶叶叶大根老，用开水冲泡不开，放进水里煎煮，却能散发出独特的风味。如果进献这种茶时，能加入千年松柏根经石鼎熏烤，就能更好地展现其醇厚的古老气息。

“鸡苏佛”“橄榄仙”，宋人咏茶语也。鸡苏即薄荷，上口芳辣。橄榄久咀回甘。合此二者，庶得茶蕴。曰仙、曰佛，当于空玄虚寂中，嘿嘿证入。不具是舌根者，终难与说也。

【解读】

“鸡苏佛”和“橄榄仙”是宋朝人用来赞美茶叶的词语。鸡苏就是指薄荷，入口芳香辛辣。橄榄，长久咀嚼回味甘甜。将这两样结合在一起，或许才能品尝到茶叶蕴藏的风味。至于说成仙成佛，应该在幻想虚无寂静中默默求证了。没有亲自用口舌感受的话，最终很难说出来。

赏名花不宜更度曲，烹精茗不必更焚香，恐耳目口鼻互牵，不得全领其妙也。

【解读】

欣赏名花时不适合再次演奏音乐，烹煮名茶时也没有必要再焚香，恐怕耳朵、眼睛、嘴巴、鼻子会相互干扰牵制，无法完全领略到其中蕴含的奥妙。

精茶不宜泼饭，更不宜沃醉。以醉则燥渴，将灭裂吾上味耳。精茶岂止当为俗客吝？倘是日汩汩尘务，无好意绪，即烹就，宁俟冷以灌兰，断不令俗肠污吾茗君也。

【解读】

好茶不适合在吃饭时喝，更不适合在喝醉时喝。因为喝醉后口干舌燥，会败坏茶的味道。好茶怎么能只对庸俗的客人吝啬呢？如果整天忙碌于俗世琐事中，情绪不好，即使煮好了茶，宁可等它冷却后浇灌兰花，绝不让庸俗的胃玷污了我的好茶。

罗山庙后岕精者，亦芬芳回甘。但嫌稍浓，乏云露清空之韵。以兄虎丘则有余，以父龙井则不足。

【解读】

罗岕山庙后所生产的精品岕茶，也香气芬芳，喝起来回味甜美。但是稍嫌浓烈，缺乏云露清空的韵味。他的品质比虎丘茶要好一些，但和龙井茶相比还有些欠缺。

天地通俗之才，无远韵，亦不致呕哕寒月。诸茶晦黯无色，而彼独翠绿媚人，可念也。

【解读】

天地间被俗众所喜爱的事物，没有高远的风韵，但也不会玷污清冷的月光。相比其他茶的黯淡无色，它却是翠绿喜人，让喜欢它的人心动不已。

屠赤水云："茶于谷雨候晴明日采制者，能治痰嗽、疗百疾。"

【解读】

屠隆说："在谷雨时节晴朗的天气采摘的茶叶，能治疗痰多咳嗽，治好百病。"

《类林新咏》：顾彦先曰："有味如臛，饮而不醉；无味如茶，饮而醒焉。”醉人何用也。

【解读】

姚之骃在《类林新咏》中写道：顾荣曾说：“像肉羹这样有味道的东西，饮后不会让人沉醉；而像茶这样没有味道的东西，饮后能让人头脑清醒。”那么让人沉醉的东西有什么用呢？

《徐文长秘集·致品》：茶宜精舍，宜云林，宜磁瓶，宜竹灶，宜幽人雅士，宜衲子仙朋，宜永昼清谈，宜寒宵兀坐，宜松月下，宜花鸟间，宜清流白石，宜绿藓苍苔，宜素手汲泉，宜红妆扫雪，宜船头吹火，宜竹里飘烟。

【解读】

徐渭在《刻徐文长先生秘集·致品》中写道：喝茶适合选在优雅宁静的茶室，适合在隐居的地方，适合用瓷瓶泡茶，适合用竹灶，适合与有品位的人士一起，适合与僧人道士一起，适合白天清谈，适合寒夜独自静坐，适合在松间月下，适合花鸟之间，适合清泉白石，适合绿藓苍苔，适合素手汲泉，适合红妆扫雪，适合船头吹火，适合竹里飘烟。

《芸窗清玩》：茅一相云：“余性不能饮酒，而独耽味于茗。清泉白石可以濯五脏之污，可以澄心气之哲。服之不已，觉两腋习习，清风自生。吾读《醉乡记》，未尝不神游焉。而间与陆鸿渐、蔡君谟上下其议，则又爽然自释矣。”

【解读】

胡文焕在《芸窗清玩》中写道：茅一相说：“我生来就不能喝酒，但却对品茶着迷。清泉白石可以清洗体内五脏的污垢，可以澄清内心的智慧。不断品茶，就会感到两腋习习，清风自然而生。我读《醉乡记》，未尝不对书里描述的‘醉乡’深感向往。但是读完陆羽的《茶经》、蔡襄《茶录》对茶的议论后，我就又感到豁然开朗，对于不能喝酒的遗憾也就释然了。”

《三才藻异》：雷鸣茶产蒙山中顶，雷发收之，服三两换骨，四两为地仙。

【解读】

屠粹忠在《三才藻异》中写道：雷鸣茶产自四川蒙顶山的中顶，每年惊蛰前后雷鸣时开始采摘，喝三两就能让人脱胎换骨，再喝四两就能成为住在人间的仙人。

《闻雁斋笔记》：赵长白自言：“吾生平无他幸，但不曾饮井水耳。”此老于茶，可谓能尽其性者。今亦老矣，甚穷，大都不能如曩时，犹摩挲万卷中作《茶史》，故是天壤间多情人也。

【解读】

张大复在《闻雁斋笔记》中有说：赵长白自己说道："我这一生并没有什么值得庆幸的事情，只是从未喝过井水而已。"这位老人对于品茶可谓是尽其本性。如今他年事已高，还很穷，很多事情已经做不到以前那样，但他仍读书万卷整理而作《茶史》，也是天地之间的多情之人。

**袁宏道《瓶花史》：赏花，茗赏者上也，谭赏者次也，酒赏者下也。**

【解读】

袁宏道在《瓶花史》中写道：在众多的赏花方式中，品茶赏花被认为是最高雅的，清谈赏花次之，而饮酒赏花最下。

**《茶谱》：《博物志》云："饮真茶，令人少眠。"此是实事，但茶佳乃效，且须末茶饮之。如叶烹者，不效也。**

【解读】

《茶谱》中说：张华在《博物志》中说："喝真正的茶，可以帮助人解困少睡。"这是真实存在的事情，但必须是优质的茶才有效，而且要将茶叶研磨成粉末后饮用。如果是烹煮的茶叶，就没有这种效果了。

《太平清话》：琉球国亦晓烹茶。设古鼎于几上，水将沸时投茶末一匙，以汤沃之。少顷奉饮，味甚清香。

【解读】

陈继儒在《太平清话》中写道：琉球国的人也懂得煮茶。他们会把古老的鼎放在茶几上，当水煮沸时，加入一勺茶叶末，用开水调和。过一会儿再品饮，味道非常清香。

《藜床沈余》：长安妇女有好事者，曾侯家睹彩笺曰："一轮初满，万户皆清。若乃狎处衾帏，不惟辜负蟾光，窃恐嫦娥生妒。涓于十五、十六二宵，联女伴同志者，一茗一炉，相从卜夜，名曰伴嫦娥。凡有冰心，伫垂玉允。朱门龙氏拜启。"

【解读】

陆濬原在《藜床沈余》中记载：长安有好事的妇女，曾在王侯家看到一彩色的请柬上写着："一轮明月初满，千家万户都在清辉之中。如果你只是在床上沉睡，不仅辜负了美好的月光，还可能让天上的嫦娥心生妒忌。选定十五和十六这两个晚上，邀请喜欢品饮的女伴一茶一炉，一起共度欢乐时光，名曰伴嫦娥。希望有着高雅心灵的人们能够前来。朱门龙氏敬启。"

沈周《跋茶录》：樵海先生真隐君子也。平日不知朱门为何物，日偃仰于青山白云堆中，以一瓢消磨半生。盖实得品茶三昧，可以羽翼桑苎翁之所不及，即谓先生为茶中董狐可也。

【解读】

沈周在《跋茶录》中记载：张源先生是真正的隐士。他平时对富贵人家的生活毫不在意，每天只是游乐于青山白云间，喝茶来消磨时光。他大概真正领会了茶的真谛，可以弥补陆羽的不足，即可称先生为茶中的良史。

王晫《快说续记》：春日看花，郊行一二里许，足力小疲，口亦少渴。忽逢解事僧邀至精舍，未通姓名，便进佳茗，踞竹床连啜数瓯，然后言别，不亦快哉？

【解读】

王晫在《快说续记》中写道：春天出去赏花，在郊外走了一二里，脚有点累，口也有点渴。突然间被通晓事理的僧人邀请到修行的地方歇息，没来得及互相介绍，便端上了好茶，坐在竹床上连饮几杯，然后告别，这不也是一件很愉快的事情吗？

卫泳《枕中秘》：读罢吟余，竹外茶烟轻扬；花深酒后，铛中声响初浮。个中风味谁知，卢居士可与言者；心下快活自省，黄宜州岂欺我哉？

【解读】

卫泳在《枕中秘》中说：读书或吟咏之余，竹林外煮茶的烟雾轻轻飘扬；花园深处饮酒后，茶锅里的水声开始响起，水刚好沸腾。这种独特的风味又有谁能领会，卢仝能与之讨论；这样的美妙之处，只有真正品茶的人才能体会，黄庭坚怎么会对我说谎呢？

江之兰《文房约》：诗书涵圣脉，草木栖神明。一草一木，当其含香吐艳，倚槛临窗，真足赏心悦目，助我幽思。亟宜烹蒙顶石花，悠然啜饮。

【解读】

江之兰在《文房约》有写：诗书蕴含着圣贤的根脉，草木中寄托着人类的精神和智慧。一草一木，当它们散发出芬芳、展现出绚丽的色彩时，人们倚靠在栏杆旁，凝视窗外景致，这真是赏心悦目，有助于我的深思。这时最适合煮上一壶蒙顶石花茶，悠闲品尝。

扶舆沆瀣，往来于奇峰怪石间，结成佳茗。故幽人逸士，纱帽笼头，自煎自吃。车声羊肠，无非火候，苟饮不尽，且漱弃之，是又呼陆羽为茶博士之流也。

【解读】

与彼此契合的人勉强扶持，往来于奇峰怪石之间，采摘上等的茶叶。因此，隐士和贤人们戴着纱帽笼头，自己煎茶自己品尝。独轮车走在狭窄蜿蜒的小路发出的声响，都可以作为火候，如果茶水没喝完，姑且漱口弃之，这就好像称呼陆羽为茶博士一样。

高士奇《天禄识余》：饮茶或云始于梁天监中，见《洛阳伽蓝记》，非也。按《吴志·韦曜传》：孙皓每宴飨，无不竟日，曜不能饮，密赐茶荈以当酒。如此言，则三国时已知饮茶矣。逮唐中世，榷茶遂与煮海相抗，迄今国计赖之。

【解读】

高士奇在《天禄识余》中记载：有人认为饮茶起源于南朝梁天监年间，这一说法见于《洛阳伽蓝记》，但事实并非如此。根据《三国志·吴书·韦曜传》的记载：吴国君主孙皓每次饮宴群臣时，无不从早至晚，因为韦曜不能饮酒，孙皓便暗中用茶代酒来赏赐。如果按照这个说法，在三国时期就已经有了饮茶的习俗。到了唐朝中期，茶税与盐税可以相抗衡了，直到如今茶叶已成为国家经济的重要支柱。

《中山传信录》：琉球茶瓯颇大，斟茶止二三分，用果一小块贮匙内，此学中国献茶法也。

【解读】

根据徐葆光在《中山传信录》中的记载：琉球的茶杯很大，倒茶时只到二三分为止，还会在茶匙里放一小块水果，这是学习中国献茶的方法。

王复礼《茶说》：花晨月夕，贤主嘉宾，纵谈古今，品茶次第，天壤间更有何乐。奚俟脍鲤炰羔，金罍玉液，痛饮狂呼，始为得意也？范文正公云："露芽错落一番荣，缀玉含珠散嘉树。斗茶味兮轻醍醐，斗茶香兮薄兰芷。"沈心斋云："香含玉女峰头露，润带珠帘洞口云。"可称岩茗知己。

【解读】

王复礼在《茶说》中写道：在花朵盛开的早晨和明月当空的夜晚，贤明的主人和尊贵的客人欢聚一堂，畅所欲言谈论古今事物，品评茶水的品质，难道在天地间还有比这更美妙的乐趣吗？何必等到脍炙鲤鱼和烤乳羊肉，金樽美酒，痛饮狂欢，才算是得意吗？范仲淹在《和章岷从事斗茶歌》中写道："露芽错落一番荣，缀玉含珠散嘉树。斗茶味兮轻醍醐，斗茶香兮薄兰芷。”沈涵在《谢王适庵惠武夷茶诗》中写道：“香含玉女峰头露，润带珠帘洞口云。”可以说是岩茶的知己。

**陈鉴《虎丘茶经注补》：鉴亲采数嫩叶，与茶侣汤愚公小焙烹之，真作豆花香。昔之鬻虎丘茶者，尽天池也。**

**【解读】**

陈鉴在《虎丘茶经注补》中写道：我亲自摘下几片嫩绿的茶叶，与茶友汤愚公一起用小茶焙烹煮，果然散发出了像豆花一样的香气。之前市场上出售的虎丘茶，都是来自天池的茶叶。

**陈鼎《滇黔纪游》：贵州罗汉洞，深十余里，中有泉一泓，其色如黝，甘香清冽。煮茗则色如渥丹，饮之唇齿皆赤，七日乃复。**

**【解读】**

陈鼎在《滇黔纪游》中写道：贵州的罗汉洞，深达十几里，中间有一汪清泉，色泽黝黑，味道香甜清醇。煮出的茶水颜色鲜艳如同润泽光艳的朱砂，饮后唇齿都变得发红，需要七天时间才能恢复。

《瑞草论》云：茶之为用味寒，若热渴、凝闷胸、目涩、四肢烦、百节不舒，聊四五啜，与醍醐、甘露抗衡也。

**【解读】**

《瑞草论》中说：茶的功用，味道有些寒冷，如果发烧口渴、胸闷、眼睛干涩、四肢乏力、关节不灵活，喝上四五杯，其效果与醍醐、甘露相当。

《本草拾遗》：茗味苦，微寒，无毒，治五脏邪气，益意思，令人少卧，能轻身、明目、去痰、消渴、利水道。

**【解读】**

陈藏器在《本草拾遗》中写道：茶叶味道有点苦，微寒，无毒，可以调治五脏内的邪气，有助于思考，能减少睡眠，让人感觉身体轻盈，眼睛明亮、祛除痰疾、消除口渴、利于小便。

蜀雅州名山茶有露镀芽、篯芽，皆云火前者，言采造于禁火之前也。火后者次之。又有枳壳芽、枸杞芽、枇杷芽，皆治风疾。又有皂荚芽、槐芽、柳芽，乃上春摘其芽，和茶作之。故今南人输官茶，往往杂以众叶，惟茅芦、竹箬之类，不可以入茶。自余山中草木、芽叶，皆可和合，而椿、柿叶尤奇。真茶性极冷，惟雅州蒙顶出者，温而主疗疾。

【解读】

四川雅州出产的名山茶有露铵芽、篯芽，都属于火前茶，就是说在寒食禁火前采摘制造的。禁火之后采制的茶叶质量要差一些。此外，还有枳壳芽、枸杞芽、枇杷芽，都能治疗风疾。还有皂荚芽、槐芽、柳芽，都是初春采摘这些树的芽叶，与茶叶一起制作而成。所以现在南方人献送的官茶，往往掺杂各种芽叶，只有茅芦、竹箬之类不可以掺杂进去。其他像山中的草木、芽叶，都能与茶叶调和，而椿树叶、柿树叶效果更好。真正的茶叶性质极凉，只有雅州蒙顶山产的茶叶，本性温和能够治疗疾病。

李时珍《本草》：服葳灵仙、土茯苓者，忌饮茶。

【解读】

李时珍在《本草纲目》中记载：如果服用了威灵仙和土茯苓，就不能饮茶。

《群芳谱》：疗治方：气虚、头痛，用上春茶末，调成膏，置瓦盏内覆转，以巴豆四十粒，作一次烧，烟熏之，晒干乳细，每服一匙。别入好茶末，食后煎服立效。又赤白痢下，以好茶一斤炙捣为末，浓煎一二盏，服久痢亦宜。又二便不通，好茶、生芝麻各一撮，细嚼，滚水冲下，即通。屡试立效。如嚼不及，擂烂滚水送下。

【解读】

王象晋在《群芳谱》中记载：用茶叶治病的方子：一是治疗气虚和头痛，将初春的茶末制成膏，放在陶杯里搅动，用四十粒巴豆，烧烟熏一下，再晒干碾碎，每次服用一匙。另外要加入上好的茶末，饭后煎服，立即见效。二是治疗大便带脓血的痢疾，将一斤上好的茶烤干捣碎，煎成浓茶一两杯，喝下去后，痢疾很快就会好转。如果是大小便不通，用好茶和生芝麻各一小撮，细细咀嚼，用开水冲服，就通畅了。此方子多次试验都立即见效。如果来不及咀嚼，就捣碎后和开水一起服用。

《随见录》：《苏文忠集》载，宪宗赐马总治泄痢、腹痛方：以生姜和皮切碎如粟米，用一大钱并草茶相等煎服。元祐二年，文潞公得此疾，百药不效，服此方而愈。

【解读】

屈擢升在《随见录》中说：《苏文忠集》中有一篇记载了唐宪宗赐给马总治疗腹泻和腹痛的方子：将生姜带皮切成粟米大小，用一个大铜钱跟同样多的草茶一起煎煮后服用。元祐二年，潞国公文彦博得了这种病，尝试了各种药物都没有效果，后服用这个方子才痊愈。

# 七之事

《晋书》：温峤表遣取供御之调，条列真上茶千片，茗三百大薄。

**【解读】**

《晋书·温峤传》中记载：温峤上表并派人索取给皇帝供奉的贡品，分条详细列出了上等茶叶千片，普通茶叶三百大薄。

《洛阳伽蓝记》：王肃初入魏，不食羊肉及酪浆等物，常饭鲫鱼羹，渴饮茗汁。京师士子道肃一饮一斗，号为漏卮。后数年，高祖见其食羊肉酪粥甚多，谓肃曰："羊肉何如鱼羹？茗饮何如酪浆？"肃对曰："羊者是陆产之最，鱼者乃水族之长，所好不同，并各称珍，以味言之，甚是优劣。羊比齐鲁大邦，鱼比邾莒小国，唯茗不中，与酪作奴。"高祖大笑。彭城王勰谓肃曰："卿不重齐鲁大邦，而爱邾莒小国，何也？"肃对曰："乡曲所美，不得不好。"彭城王复谓曰："卿明日顾我，为卿设邾莒之食，亦有酪奴。"因此呼茗饮为酪奴。时给事中刘缟，慕肃之风，专习茗饮。彭城王谓缟曰："卿不慕王侯八珍，而好苍头水厄。海上有逐臭之夫，里内有学颦之妇，以卿言之，即是也。”盖彭城王家有吴奴，故以此言戏之。后梁武帝子西丰侯萧正德归降时，元乂欲为设茗，先问：“卿于水厄多少？”正德不晓乂意，答曰：“下官生于水乡，而立身以来，未遭阳侯之难。”元乂与举坐之客皆笑焉。

【解读】

杨衒之在《洛阳伽蓝记》中写道：王肃刚从南朝来到北魏时，不吃羊肉，也不喝牛奶和羊奶，经常用鲫鱼汤下饭，口渴时就喝茶。北魏京师平城的士大夫都说王肃每次都喝一大碗茶，称他为漏卮。数年后，北魏孝文帝拓跋宏看到他很能吃羊肉，也很能喝奶，就问他：“羊肉与鱼汤相比怎样？清茶与奶相比又怎样？”王肃说：“羊肉是陆地上最美味的食物，鱼是水里最美味的食物，个人喜好不同，都可以称为珍品，就味道而言，很难说出好坏。羊肉就像是齐鲁大国的地道美食，而鱼汤则是邾莒小国的特色美食，只是茶的味道不行，只能算是奶酪的奴仆。”北魏孝文帝大笑。彭城王元勰对王肃说：“先生不重视齐鲁大国，反而偏爱邾莒小国，为什么呢？”王肃说：“家乡的风俗以鱼汤、茶叶为美味，我不得不喜欢。”彭城王元勰又对王肃说：“先生明天到我家做客，我给先生准备邾莒小国的饮食，还有奶酪的奴仆。”因此把茶称为酪奴仆。当时的给事中刘缟非常仰慕王肃的风姿，专门学习饮茶。彭城王元勰对刘缟说：“先生不仰慕王侯的佳肴，反而喜欢奴仆的水厄。海上有追逐臭味的人，街巷有东施效颦的妇人，相比先生的行为，你就是这样的人。”彭城王元勰家里有吴地的奴仆，所以用这样的话来戏弄他。后来梁武帝的儿子西丰侯萧正德归降时，元乂想给他上茶，就先问：“先生的水厄多少呢？”萧正德不明白他的意思，回答说：“我生于江南水乡，自出生以来，从未遇到过水灾。”元乂和满座的客人都笑了起来。

《海录碎事》：晋司徒长史王濛，字仲祖，好饮茶，客至辄饮之。士大夫甚以为苦，每欲候濛必云：“今日有水厄。”

【解读】

叶廷珪在《海录碎事》中记载：东晋时期的司徒长史王濛，字仲祖，非常喜欢喝茶，每当有客人来访，他就会煮茶品饮。这让当时的士大夫们感到很苦恼，每次要和王濛见面，必会说：“今日有水厄。”

《续搜神记》：桓宣武有一督将，因时行病后虚热，更能饮复茗一斛二斗乃饱，才减升合，便以为不足，非复一日，家贫。后有客造之，正遇其饮复茗，亦先闻世有此病，仍令更进五升，乃大吐，有一物出如升大，有口，形质缩皱，状似牛肚。客乃令置之于盆中，以一斛二斗复浇之，此物噏之都尽，而止觉小胀。

又增五升，便悉混然从口中涌出。既吐此物，其病遂瘥。或问之："此何病？"客答云："此病名斛二瘕。"

【解读】

《续搜神记》中记载：东晋桓温手下有一位督将，因为当时的流行病导致身体虚弱发热，更能饮茶，一次要喝一斛二斗才觉得饱，即使减少一点，就觉得不足，这种情况持续了很长时间，家境也变得贫困衰落了。后来有客人造访，正好遇上他在喝茶，客人早就听说过有这种病，就让他喝饱了再喝五升，结果他大吐不止，吐出了一个有升子大小的物体，有口，表面有可以伸缩的褶皱，形状很像牛肚。客人让把这个东西放在盆里，用一斛二斗茶汤浇灌它，此物都吸尽了，只是略微膨胀。接着增加了五升，便全部从口中涌出。督将吐出这个物体后，疾病就痊愈了。有人问："这是什么病？"客人回答说："这病叫斛二瘕。"

《潜确类书》：进士权纾文云："隋文帝微时，梦神人易其脑骨，自尔脑痛不止。后遇一僧曰：'山中有茗草，煮而饮之当愈。'帝服之有效，由是人竟采啜。因为之赞，其略曰：'穷《春秋》，演河图，不如载茗一车。'"

【解读】

陈仁锡在《潜确类书》中写道：进士权纾文说："隋文帝

杨坚地位卑微还没有显达时，梦见神人给他换了脑骨，从此就脑痛不止。后来遇到一位僧人告诉他：‘山上有一种茗草，煮后饮用可以治愈头疼。’隋文帝喝了之后果然有效，从此人们纷纷采摘制成饮品。因此，他为这种茗草写了一篇赞文，其大意是：‘纵然勤读《春秋》，推演河图，也不如采摘一车这种茗草用处大。’”

《唐书》：太和七年，罢吴、蜀冬贡茶。太和九年，王涯献茶，以涯为榷茶使，茶之有税自涯始。十二月，诸道盐铁转运榷茶使令狐楚奏：“榷茶不便于民。”从之。

【解读】

《唐书》中写道：唐文宗太和七年，取消了吴地、蜀地冬天的进贡茶规定。太和九年，大臣王涯提出了献榷茶的好处，于是被任命为榷茶使，从那时开始茶叶征税。十二月，诸道盐铁转运榷茶使令狐楚上书表示：“榷茶对民众不利。”朝廷采纳了令狐楚的建议，于是取消了茶叶的征税。

陆龟蒙嗜茶，置园顾渚山下，岁取租茶，自判品第。张又新为《水说》七种，其二惠山泉、三虎丘井、六淞江水。人助其好者，虽百里为致之。日登舟设篷席，赍束书、茶灶、笔床、钓具往来。江湖间俗人造门，罕觏其面。时谓江湖散人，或号天随子、甫里先生，自比涪翁、渔父、江上丈人。后以高士征，不至。

【解读】

陆龟蒙嗜好饮茶，曾在顾渚山下开辟种植茶园，每年征收茶租，并自行评定茶叶的品质等级。张又新所著《煎茶水记》，将天下的水分为七种等级，第二等是惠山泉水、第三等是虎丘井水、第六等是吴淞江水。有人为了满足陆龟蒙的爱好，即使跋涉百里也为他取水。陆龟蒙每天都会乘船搭起帐篷，带着书籍、烹茶的小茶炉、卧置毛笔的器具、钓具，往来汲水品茶。江湖上的俗人来访，很少能够看到他。当时他被称为江湖散人，或者号称天随子、甫里先生，他把自己比作涪翁、渔父、江上丈人。后来朝廷以高人隐士征召他出来做官，但他都拒绝了。

《国史补》：故老云，五十年前多患热黄，坊曲有专以烙黄为业者。灞、浐诸水中，常有昼坐至暮者，谓之浸黄。近代悉无，而病腰脚者多，乃饮茶所致也。

【解读】

据李肇所撰《国史补》的记载：前代的老人说，五十年前很多人患有热黄病，街上常有专门负责治疗热黄为职业的人。在灞水、浐水等河流中，经常有人白天坐到晚上，称为浸黄。近年来这种疾病已经很少见了，但是患腰病、足病的人却越来越多，这是因为饮茶所致。

韩晋公滉闻奉天之难，以夹练囊盛茶末，遣健步以进。

【解读】

晋国公韩滉听说唐德宗奉天之难后，用夹练囊盛茶末，派善于走路的人前去送给皇帝。

党鲁使西番，烹茶帐中，番使问："何为者？"鲁曰："涤烦消渴，所谓茶也。"番使曰："我亦有之。"命取出以示，曰："此寿州者，此顾渚者，此蕲门者。"

【解读】

党鲁出使吐蕃，正在帐篷里烹茶，吐蕃的使臣问："你这是在做什么？"党鲁回答："祛除烦恼，消除口渴，说的就是茶。"吐蕃使臣说："我也有茶。"拿出来给他看，说，"这是寿州茶，这是顾渚茶，这是蕲门茶。"

唐赵璘《因话录》：陆羽有文学，多奇思，无一物不尽其妙，茶术最著。始造煎茶法，至今鬻茶之家，陶其像，置炀突间，祀为茶神，云宜茶足利。巩县为瓷偶人，号陆鸿渐，买十茶器得一鸿渐。市人沽茗不利，辄灌注之。复州一老僧是陆僧弟子，常诵其《六羡歌》，且有《追感陆僧》诗。

【解读】

唐赵璘在《因话录》中写道：陆羽擅长文学，有很多奇思妙想，对各种事物都能深入探究，而他的茶艺最为出色。他创立了煎茶法，至今有些卖茶的商家会制作他的陶像，放在炉灶烟囱间祭祀，尊奉为茶神，说是能够保佑茶获得更多利润。河南巩县制作的瓷偶人，叫作陆鸿渐，购买十件茶具就会附赠一个瓷偶人。商人销售茶叶不畅时，会用开水灌注。复州一位老僧是陆羽的弟子，经常诵读陆羽的《六羡歌》，并且写了《追感陆僧》的诗。

唐何晦《摭言》：郑光业策试，夜有同人突入，吴语曰："必先，必先，可相容否？"光业为辍半铺之地。其人曰："仗取一勺水，更托煎一碗茶。"光业欣然为取水、煎茶。居二日，光业状元及第，其人启谢曰："既烦取水，更便煎茶。当时不识贵人，凡夫肉眼，今日俄为后进，穷相骨头。"

【解读】

五代南唐的何晦在《摭言》中写道：郑光业去京城参加策试，深夜时突然有一个同人闯入，用吴地方言对他说："必先必先，可以容我住在这里吗？"郑光业就给他腾出了一半地方。那人接着说：“请给我取一勺水，然后帮我煎一碗茶。”郑光业欣然为他取水、煎茶。居住两日后，郑光业考中了状元，那人写信来谢罪说：“当时麻烦您取水，更麻烦您煎茶。当时不知道您是贵人，凡夫肉眼，如今我落榜了，真是骨相贫穷之人。”

唐李义山《杂纂》：富贵相：捣药碾茶声。

【解读】

唐代诗人李商隐在《义山杂纂》中写道：富贵相：捣药碾茶声。

唐冯贽《烟花记》：建阳进茶油花子饼，大小形制各别，极可爱。宫嫔缕金于面，皆以淡妆，以此花饼施于鬓上，时号北苑妆。

【解读】

唐代作家冯贽在《南部烟花记》中写道：建阳进贡的茶油花子饼，大小形状各异，非常可爱。皇宫里的嫔妃们用金丝装饰自己的脸庞，施以淡妆，将这种茶油花子饼戴在鬓边，当时被称为北苑妆。

唐《玉泉子》：崔蠡知制诰丁太夫人忧，居东都里第时，尚苦节啬，四方寄遗茶药而已，不纳金帛，不异寒素。

【解读】

唐朝的《玉泉子》一书记载：崔蠡担任知制诰，因母亲去世而守丧，在东都洛阳里中宅第居住时，崇尚艰苦节俭，四方致送茶叶和药品而已，不收金银财帛，与门第寒微的人没有什么区别。

《颜鲁公帖》：廿九日南寺通师设茶会，咸来静坐，离诸烦恼，亦非无益。足下此意，语虞十一，不可自外耳。颜真卿顿首顿首。

【解读】

颜真卿在《颜鲁公帖》中说：廿九日南寺通师举办茶会，都来静坐，抛开所有烦恼，也不是没有好处的。足下的盛情，言语中猜到了十分之一，不可见外。颜真卿再次顿首以示感谢。

《开元遗事》：逸人王休居太白山下，日与僧道异人往还。每至冬时，取溪冰敲其晶莹者煮建茗，共宾客饮之。

【解读】

王仁裕在《开元遗事》中写道：隐逸之人王休住在太白山脚

下，每天和僧人、道士、奇人交游来往。每逢冬天，他会去山溪中取清澈的冰块敲碎，用来煮建州的茶，与客人共饮。

《李邺侯家传》：皇孙奉节王好诗，初煎茶加酥椒之类，遗泌求诗，泌戏赋云："旋沫翻成碧玉池，添酥散出琉璃眼。"奉节王即德宗也。

【解读】

李繁在《李邺侯家传》中写道：皇孙奉节王李适喜欢写诗，最初在煎茶时添加酥椒等物，送给李泌来求诗，李泌戏作一赋道："旋沫翻成碧玉池，添酥散出琉璃眼。"奉节王也就是后来的唐德宗。

《中朝故事》：有人授舒州牧，赞皇公德裕谓之曰："到彼郡日，天柱峰茶可惠数角。"其人献数十斤，李不受。明年罢郡，用意精求，获数角投之。李阅而受之曰："此茶可以消酒食毒。"乃命烹一瓯，沃于肉食内，以银合闭之。诘旦视其肉，已化为水矣。众服其广识。

【解读】

尉迟偓在《中朝故事》中记载：有人在舒州担任牧官，赞皇公李德裕对他说："你到舒州后，可以送我一些天柱峰茶。"那人上任后献茶数十斤，但李德裕没有接受。第二年那人调走时，特意费心地再次取了一些天柱峰茶送给李德裕。李德裕打开看后接受了，说："这茶可以消除酒食中的毒。"于是命人煮一觥水，浇于肉食之中，然后用银盒密封起来。第二天清晨查看那块肉，发现已经变成了水。大家都叹服他知识广博。

段公路《北户录》：前朝短书杂说，呼茗为薄，为夹。又《梁科律》有薄茗、千夹云云。

【解读】

段公路在《北户录》中写道：前朝的文章杂说中，把茶叶称为薄或夹。又《梁科律》中也有提到薄茗、千夹等称呼。

唐苏鹗《杜阳杂编》：唐德宗每赐同昌公主馔，其茶有绿华、紫英之号。

【解读】

唐朝苏鹗在《杜阳杂编》中写道：唐德宗每次赏赐给同昌公主的酒水饮食中，茶叶有绿华、紫英等名号。

《凤翔退耕传》：元和时，馆阁汤饮待学士者，煎麒麟草。

【解读】

《凤翔退耕传》中记载：唐宪宗元和年间，馆阁招待学士的饮品是煎茶。

温庭筠《采茶录》：李约字存博，汧公子也。一生不近粉黛，雅度简远，有山林之致。性嗜茶，能自煎，尝谓人曰："当使汤无妄沸，庶可养茶。始则鱼目散布，微微有声；中则四际泉涌，累累若贯珠；终则腾波鼓浪，水气全消。此谓老汤三沸之法，非活火不能成也。"客至不限瓯数，竟日爇火，执持茶器弗倦。曾奉使行至陕州硖石县东，爱其渠水清流，旬日忘发。

【解读】

温庭筠在《采茶录》中记载：李约，字存博，是汧国公李勉的儿子。他一生不近女色，风雅朴素，有隐居山林的志向。李约热爱茶道，善于自己煎茶，曾经对人说："煮茶时不应该让开水随意沸腾，这样才能保持茶的色香味。当水面初沸时像鱼眼散布，微微有声响；中沸时四周像泉水涌动，排列成串像珍珠；最后水面像翻腾的波浪，水气全部散去。这就是老汤三沸的方法，不用活火无法完成。"每当有客人来访，李约就不限饮用杯数，从早到晚烧火煎茶，手执茶具品饮，毫无疲倦之感。他曾经奉命前往陕州硖石县东部，喜欢那里的渠水清流，流连忘返，连续待了十多天。

《南部新书》：杜豳公悰，位极人臣，富贵无比。尝与同列言平生不称意有三：其一为澧州刺史，其二贬司农卿，其三自西川移镇广陵，舟次瞿塘，为骇浪所惊，左右呼唤不至，渴甚，自泼汤茶吃也。

【解读】

钱易《南部新书》记载：豳国公杜悰，是大臣中地位最高的人，富贵无人能比。曾经与同僚说自己平生不称意的事情有三件：第一件为出任澧州刺史，第二件为贬官司农卿，第三件自西川调任广陵，行船经过瞿塘峡的时候，为汹涌澎湃的波浪所惊，呼唤随从也不来，口渴得很，自己动手煎茶品饮。

大中三年，东都进一僧，年一百二十岁。宣皇问服何药而致此？僧对曰："臣少也贱，不知药。性本好茶，至处惟茶是求。或出日过百余碗，如常日亦不下四五十碗。"因赐茶五十斤，令居保寿寺，名饮茶所曰茶寮。

【解读】

唐宣宗大中三年的时候，洛阳来了一位年纪已经一百二十岁的高僧。唐宣宗问他是服用什么药物来保持如此高寿的？高僧回答说："我小时候家境贫寒，根本不知道要服用什么药物。生性喜欢喝茶，无论到哪里都只求饮茶而已。有时候外出一整天能喝上百余碗，平常每天也不下四五十碗。"于是唐宣宗赐给他五十斤茶叶，并让他居住在保寿寺，命名其饮茶场所为茶寮。

有胡生者，失其名，以钉铰为业，居霅溪而近白蘋洲。去厥居十余步有古坟，胡生每瀹茗必奠酹之。尝梦一人谓之曰："吾姓柳，平生善为诗而嗜茗。及死，葬室在子今居之侧，常衔子之惠，无以为报，欲教子为诗。"胡生辞以不能，柳强之曰："但率子言之，当有致矣。"既寤，试构思，果若有冥助者，厥后遂工焉，时人谓之"胡钉铰诗"。柳当是柳恽也。（又一说。）列子终于郑，今墓在郊薮，谓贤者之迹，而或禁其樵牧焉。里有胡生者，性落魄。家贫，少为洗镜、锼钉之业。遇有甘果、名茶、美酝，辄祭于列御寇之祠垄，以求聪慧而思学道。历稔忽梦一人，取刀划其腹，以一卷书置于心腑。及觉，而吟咏之意，皆工美之词，所得不由于师友也。既成卷轴，尚不弃于猥贱之业，真隐者之风。远近号为"胡钉铰"云。

【解读】

有一位胡姓者，不记得他的名字，以洗镜、铰钉为业，居住在霅溪且靠近白洲。离他居住十余步的地方有一座古坟，胡生每次喝茶之前都必先祭奠一下。他曾经梦到一人对他说："我姓柳，一生喜欢写诗和喝茶。我死后葬在你住所旁边，经常得到你的恩惠，无以为报，所以想教你作诗。”胡生推辞说自己不会，但柳竭力劝他说：“你随便说一下，就会有灵感。”胡生醒来后，尝试着构思，发现确实像有神佛的佑助，以后作诗变得很灵巧了，当时的人称为“胡钉铰诗”。据说柳姓的人可能是南朝宋诗人柳恽。（还有一种说法是。）列子终老于河南郑州，墓地在郊野草泽之地，当地人认为那里是圣贤的遗迹，禁止在那里打柴放牧。同里有一个姓胡姓者，生性落魄。家里贫困，从小就以洗镜、铰钉为职业。每当遇到有甘果、名茶和美酒时，他都会去列御寇的墓地祭奠，以祈求智慧，并且想学习道学。经过一年，他突然梦见一个人用刀划开他的肚子，在他的心中放了一卷书。醒来后，他感觉有吟咏的冲动，吟咏出来的都是工整美好的词句，完全不是通过师友的指导得来的。他既有诗文创作的才华，却仍然没有放弃之前卑微的职业，真是具有隐士的风采。远近的人都称他为“胡钉铰”。

张又新《煎茶水记》：代宗朝，李季卿刺湖州，至维扬逢陆处士鸿渐。李素熟陆名，有倾盖之欢，因之赴郡，泊扬子驿。将食，李曰：“陆君善于茶，盖天下闻名矣，况扬子南零水又殊绝。今者二妙，千载一遇，何旷之乎？”命军士谨信者操舟挈瓶，深诣南零。陆利器以俟之。俄水至，陆以勺扬其水曰：“江则江矣，非南零者，似临岸之水。”使曰：“某操舟深入，见者累百，敢虚给乎？”陆不言，既而倾诸盆，至半，陆遽止之，又以勺扬之曰：“自此南零者矣。”使蹶然大骇，伏罪曰：“某自南零赍至岸，舟荡覆半，至，惧其鲜，挹岸水增之。处士之鉴，神鉴也，其敢隐乎！”李与宾从数十人皆大骇愕。

## 【解读】

张又新在《煎茶水记》中写道：唐代宗年间，李季卿被任命为湖州刺史，行至扬州时遇到陆羽。李季卿一向熟知陆羽大名，两人一见如故，于是决定一起前往湖州，船停在扬子驿。即将吃饭时，李季卿说：“陆先生善于煎茶，天下闻名，何况扬子江南零水的品质超绝。如今二妙合一，可谓千年一遇，怎能错过呢！”于是他命令手下恭谨诚信的军士驾船带着茶壶去南零汲水。陆羽则洗干净茶具等待煎茶。不一会儿水就运来了，陆羽用勺扬其水说：“这水虽然是扬子江水，但并非南零水，好像是临近岸边的水。”汲水军士说：“我驾驶小船深入南零取水，有上百人看见，怎敢欺骗先生呢？”陆羽不说话，然后将水倒入盆里，倒了一半时，他突然停下来，再次用勺扬水说：“从这里开始是南零水了。”汲水的军士吓得跌倒在地，伏罪道：“我从南零汲水运到岸边时，船晃动洒掉了一半水，担心水不足，就加了一些岸边的水。先生真是神鉴，我怎么敢再隐瞒呢！”李季卿和宾客随从数十人都大为惊愕。

《茶经·本传》：羽嗜茶，著《经》三篇。时鬻茶者，至陶羽形，置炀突间，祀为茶神。有常伯熊者，因羽论，复广著茶之功。御史大夫李季卿宣慰江南，次临淮，知伯熊善煮茗，召之。伯熊执器前，季卿为再举杯。其后尚茶成风。

【解读】

《茶经》所附《新唐书·陆羽传》中记载：陆羽喜欢喝茶，著有《茶经》三卷。那时，卖茶的商家用陶器制作成陆羽的像，放在炉灶烟囱间祭祀，将他视为茶神。有一个名叫常伯熊的人，根据陆羽的论述，进一步宣传和推广了茶的功效。御史大夫李季卿奉命到江南宣扬政令，安抚百姓，经过临淮时得知常伯熊擅长煎茶，于是召见了他。常伯熊在茶具前煮茶，李季卿也连续喝了几杯。从那之后，饮茶成了社会风尚。

《金銮密记》：金銮故例，翰林当直学士，春晚人困，则日赐成象殿茶果。

【解读】

韩偓在《金銮密记》中写道：金銮殿的惯例，翰林院值班的学士们在春天的晚上容易发困，于是就每天赏赐成象殿茶果。

《梅妃传》：唐明皇与梅妃斗茶，顾诸王戏曰："此梅精也，吹白玉笛，作惊鸿舞，一座光辉，斗茶今又胜吾矣。”妃应声曰：“草木之戏，误胜陛下。设使调和四海，烹饪鼎鼐，万乘自有宪法，贱妾何能较胜负也？”上大悦。

【解读】

《梅妃传》记载：唐明皇李隆基和梅妃斗茶，环顾众王开玩笑说：“这位梅妃是梅花精灵，吹着白玉笛，跳着惊鸿舞，让在座的人都感受到她的光辉，今天她在斗茶中又胜过了我”。梅妃应声答道：“这不过是制茶人的游戏，我不小心胜了陛下。安抚天下，治理国家，陛下自有一定法度，贱妾怎么能与陛下比较胜负呢？”唐明皇听后非常高兴。

杜鸿渐《送茶与杨祭酒书》：顾渚山中紫笋茶两片，一片上太夫人，一片充昆弟同歠，此物但恨帝未得尝，实所叹息。

【解读】

杜鸿渐在《送茶与杨祭酒书》中写道：这里有顾渚山中的紫笋茶两片，一片献给太夫人，一片与兄弟们共饮，可惜皇上没能尝到这种茶，实在令人感慨。

《白孔六帖》：寿州刺史张镒，以饷钱百万遗陆宣公贽。公不受，止受茶一串，曰：“敢不承公之赐？”

【解读】

《白孔六帖》中写道：寿州刺史张镒，以饷钱百万赠送给陆贽。但陆贽却推辞不接受钱，只接受了一串茶，说："我怎么敢不接受先生的惠赐呢？"

《海录碎事》：邓利云："陆羽，茶既为癖，酒亦称狂。"

【解读】

叶廷珪《海录碎事》记载：邓利说："陆羽饮茶称得上癖，饮酒称得上狂放。"

《侯鲭录》：唐右补阙綦毋煚，博学有著述才，性不饮茶，尝著《伐茶饮序》，其略曰："释滞消壅，一日之利暂佳；瘠气耗精，终身之累斯大。获益则归功茶力，贻患则不咎茶灾。岂非为福近易知，为祸远难见欤？"煚在集贤，无何以热疾暴终。

【解读】

赵令畤在《侯鲭录》中写道：唐朝右补阙綦毋煚（音英），学识渊博并有写作才能，但不喜欢喝茶，曾著《伐茶饮序》，大概是说："喝茶可以消除体内郁积不畅，让人一整天都感到舒服；导致人元气缺损，精神耗散，对终身的危害却很大。获益就归功于茶的力量，而茶带来的危害却不能怪罪茶。这难道不是福祸近在眼前容易察觉，而祸患遥远难以预见吗？”綦毋煚在集贤殿书院，因突发热病突然去世。

《苕溪渔隐丛话》：义兴贡茶非旧也。李栖筠典是邦，僧有献佳茗，陆羽以为冠于他境，可荐于上。栖筠从之，始进万两。

**【解读】**

胡仔《苕溪渔隐丛话》中写道：江苏宜兴贡茶并非旧例。唐朝官员李栖筠在宜兴任职时，有一位僧人献上好茶，陆羽觉得比其他地方的都好，建议可以献给皇帝。李栖筠听从了陆羽的建议，开始进贡一万两茶叶。

《合璧事类》：唐肃宗赐张志和奴婢各一人，志和配为夫妇，号渔童、樵青。渔童捧钓收纶，芦中鼓枻；樵青苏兰薪桂，竹里煎茶。

**【解读】**

谢维新《古今合璧事类备要》中写道：唐肃宗赏赐张志和奴、婢各一人，张志和把他们配为夫妇，男的叫渔童、女的叫樵青。渔童负责钓鱼，在芦荡里划船；樵青负责砍柴，在竹林里煮茶。

《万花谷》：《顾渚山茶记》云："山有鸟如鸲鹆而小，苍黄色，每至正二月作声云'春起也'，至三四月作声云'春去也'。采茶人呼为报春鸟。"

【解读】

《锦绣万花谷》记载：《顾渚山茶记》中说："顾渚山里有一种鸟，长得像八哥但稍微小一点，灰黄色的，每到正月、二月就叫'春起也'，到了三月、四月就叫'春去也'。采茶的人都叫它报春鸟。"

董逌《陆羽点茶图跋》：竟陵大师积公嗜茶久，非渐儿煎奉不向口。羽出游江湖四五载，师绝于茶味。代宗召师入内供奉，命宫人善茶者烹以饷，师一啜而罢。帝疑其诈，令人私访，得羽召入。翌日，赐师斋，密令羽煎茗遗之，师捧瓯喜动颜色，且赏且啜，一举而尽。上使问之，师曰："此茶有似渐儿所为者。"帝由是叹师知茶，出羽见之。

【解读】

董逌在《陆羽点茶图跋》中记载：陆羽的师父竟陵大师喜欢喝茶已经很久了，不是陆羽亲自煮并侍奉的茶就不品饮。陆羽到四方各地游历了四五年，竟陵大师就断绝了茶味。唐代宗召见竟陵大师到宫内供奉，让宫中善于煎茶的人烹茶请他品饮，竟陵大师只喝了一口就作罢了。代宗怀疑其中有诈，就令人私下访察，找到了陆羽并将他召进宫中。第二天，代宗再次赐给竟陵大师斋饭，并秘密命令陆羽来煎茶供奉竟陵大师，竟陵大师捧着茶碗，脸上露出喜悦之色，一边欣赏一边品饮，举起一次就品饮完了。代宗派人问他，竟陵大师说："这茶好像是陆羽煮的。"代宗因此对竟陵大师的茶道技艺赞叹不已，请陆羽出来与师父相见。

《蛮瓯志》：白乐天方斋，刘禹锡正病酒，乃以菊苗齑、芦菔鲊馈乐天，换取六斑茶以醒酒。

【解读】

《蛮瓯志》中说：白居易正在吃素食，刘禹锡则正因饮酒而沉醉。于是，刘禹锡送给白居易一些用菊花苗制成的调味品和腌制的干萝卜，希望以此换取六斑茶来醒酒。

《诗话》：皮光业，字文通，最耽茗饮。中表请尝新柑，筵具甚丰，簪绂丛集。才至，未顾尊罍，而呼茶甚急，径进一巨觥，题诗曰："未见甘心氏，先迎苦口师。"众噱，云："此师固清高，难以疗饥也。"

【解读】

在《诗话》中有记载：皮光业，字文通，非常喜欢喝茶。他的表兄弟邀请他品尝新鲜的柑橘，准备了一桌丰盛的酒席，显贵的宾客云集。皮光业刚到，还没顾上喝酒，就急呼上茶，径直走进去喝了一大杯，题诗道："未见甘心氏，先迎苦口师。"众人都大笑，说："这位先生确实清高，只是难以充饥啊。"

《太平清话》：卢仝自号癖王，陆龟蒙自号怪魁。

【解读】

陈继儒在《太平清话》中说：卢仝号称自己为癖王，陆龟蒙号称自己为怪魁。

《潜确类书》：唐钱起，字仲文，与赵莒为茶宴，又尝过长孙宅，与朗上人作茶会，俱有诗纪事。

【解读】

陈仁锡在《潜确类书》中说：唐人钱起，字仲文，和赵莒一起举办茶宴，又曾去长孙家拜访，与朗上人举办茶会，都留下了诗作记录这些事情。

《湘烟录》：闵康侯曰：“羽著《茶经》，为李季卿所慢，更著《毁茶论》。其名疾，字季疵者，言为季所疵也。事详传中。”

【解读】

闵元京和凌义渠在《湘烟录》中写道：闵文衢说：“陆羽著《茶经》，被李季卿怠慢，于是又著《毁茶论》。陆羽名疾，字季疵，就是说为李季卿所疵。这件事详细记录在他的传记中。”

《吴兴掌故录》：长兴啄木岭，唐时吴兴、毗陵二太守造茶修贡，会宴于此。上有境会亭，故白居易有《夜闻贾常州崔湖州茶山境会欢宴》诗。

【解读】

徐献忠在《吴兴掌故录》中记载：长兴的啄木岭，唐朝时期吴兴和毗陵两地的太守在这里制茶献给朝廷，并举行茶宴。啄木岭上有一个境会亭，因此白居易写了一首《夜听贾州长兴崔湖州茶山境会欢宴》的诗。

包衡《清赏录》：唐文宗谓左右曰：“若不甲夜视事，乙夜观书，何以为君？”尝召学士于内庭，论讲经史，较量文章，宫人以下侍茶汤饮馔。

【解读】

包衡在《清赏录》中记载：唐文宗李昂曾对近臣说："如果不是初更时分处理政务，二更时分读书，如何能胜任皇帝的职责呢？"他曾召见学士进入宫禁以内，讨论经学和史学，评定文章，宫廷侍从则负责侍奉茶水和饮食。

《名胜志》：唐陆羽宅在上饶县东五里。羽本竟陵人，初隐吴兴苕溪，自号桑苎翁，后寓新城时，又号东冈子。刺史姚骥尝诣其宅，凿沼为溟渤之状，积石为嵩华之形。后隐士沈洪乔葺而居之。

【解读】

曹学佺在《天下名胜志》中提到：唐朝时期陆羽故居位于江西上饶县东五里。陆羽原本是竟陵人，最初隐居在吴兴的苕溪，自号桑苎翁，后来寓居新城时，又自号东冈子。刺史姚骥曾经去他家拜访，看到他凿池为大海，堆石头成山的形状。后来隐士沈洪乔修葺并居住在此。

《饶州志》：陆羽茶灶在余干县冠山右峰。羽尝品越溪水为天下第二，故思居禅寺，凿石为灶，汲泉煮茶，曰丹炉，晋张氲作。元大德时总管常福生，从方士搜炉下，得药二粒，盛以金盒，及归开视，失之。

【解读】

《饶州志》记载：陆羽的茶灶在江西余干县冠山右峰。陆羽曾经品评夸赞越溪水为天下第二，所以想居住在禅寺中，凿石为茶灶，汲取泉水煮茶，称为丹炉，又有传言说是晋朝的张氲所作。在元朝大德年间总管常福生，跟随一位方士从丹炉下找到两粒丹药，将其放入金盒中，等回来打开盒子时，却发现丹药不见了。

《续博物志》：物有异体而相制者，翡翠屑金，人气粉犀，北人以针敲冰，南人以线解茶。

【解读】

李石在《续博物志》中写道：物体的形状和特性不同而相互制约，比如翡翠可以使黄金成为碎末，人气可以使犀角成为粉末，北方人用针敲冰，南方人则用线解茶。

《太平山川记》：茶叶寮，五代时于履居之。

【解读】

叶良佩在《太平县山川记》中记载：茶叶寮，五代时期于履曾经居住于此。

《类林》：五代时，鲁公和凝，字成绩，在朝率同列，递日以茶相饮，味劣者有罚，号为汤社。

【解读】

刘攽在《文选类林》中记载：在五代时，鲁国公和凝，字成绩，在朝廷做官时带领同僚按照顺序每天一起喝茶，如果茶味道不好就会受到惩罚，这在当时被称为汤社。

《浪楼杂记》：天成四年，度支奏：朝臣乞假省觐者，欲量赐茶药。文班自左右常侍至侍郎，宜各赐蜀茶三斤，蜡面茶二斤，武班官各有差。

【解读】

《浪楼杂记》中写道：在五代后唐明宗天成四年，度支上奏称：朝廷的官员们请假回家探望父母，希望能得到适量的茶叶和药品作为奖赏。文官自左右常侍到侍郎，每人应该被赏赐三斤蜀茶和两斤蜡面茶，而武官们的奖赏也各有不同。

马令《南唐书》：丰城毛炳好学，家贫不能自给，入庐山与诸生留讲，获镪即市酒尽醉。时彭会好茶，而炳好酒，时人为之语曰：“彭生作赋茶三片，毛氏传诗酒半升。”

【解读】

马令在《南唐书》中写道：江西丰城的毛炳喜欢读书，但家境贫困不能自给，于是他去庐山与诸生讲学，赚到的银两就拿去买酒喝醉。当时彭会喜欢喝茶，而毛炳喜欢喝酒。当时人们称：“彭生作赋茶三片，毛氏传诗酒半斤。”

《十国春秋·楚王马殷世家》：开平二年六月，判官高郁请听民售茶北客，收其征以赡军，从之。秋七月，王奏运茶河之南北，以易缯纩、战马，仍岁贡茶二十五万斤，诏可。由是属内民得自摘山造茶而收其算，岁入万计。高另置邸阁居茗，号曰“八床主人”。

【解读】

吴任臣在《十国春秋·楚王马殷世家》中写道：后梁开平二年六月，判官高郁建议允许百姓向北方商人出售茶叶，并征收茶税用于养兵，朝廷批准了这项建议。同年秋七月，楚王提议将茶叶运送到黄河南北两岸，以换取丝绵制成的寒衣和战马，仍然每年进贡茶叶二十五万斤，朝廷批准了提议。从那时起，楚王领地内的民众可以自己采摘和制作茶叶，而朝廷则征收茶税，每年收入万计。高郁另外设立仓库来储存茶叶，号称“八床主人”。

《荆南列传》：文了，吴僧也，雅善烹茗，擅绝一时。武信王时来游荆南，延住紫云禅院，日试其艺，王大加欣赏，呼为汤神，奏授华亭水大师。人皆目为乳妖。

**【解读】**

吴任臣在《十国春秋·荆南列传》中写道：文了是吴地的一位高僧，平时擅长煮茶，技艺高超。当时武信王高季兴执政，他到荆南游历，被邀请住在紫云禅院，每天考察文了煮茶的技艺，武信王非常赞赏，称文了为汤神，并请求朝廷授予文了华亭水大师的称号。当时人们都将文了视为乳妖。

《谈苑》：茶之精者，北苑名白乳、头金，江左有蜡面。李氏别命取其乳作片，或号曰“京挺”“的乳”，二十余品。又有研膏茶，即龙品也。

**【解读】**

杨亿在《杨文公谈苑》中说：茶中的精品，北苑有白乳茶和头金茶，江左则有蜡面茶。南唐的李氏让人采摘嫩茶芽制成片茶，称之为“京挺”或“的乳”，总共有二十多个品种。又有研膏茶，就是人们所说的龙茶。

释文莹《玉壶清话》：黄夷简雅有诗名，在钱忠懿王俶幕中，陪樽俎二十年。开宝初，太祖赐俶“开吴镇越崇文耀武功臣制诰”。俶遣夷简入谢于朝，归而称疾，于安溪别业保身潜遁。著《山居》诗，有“宿雨一番蔬甲嫩，春山几焙茗旗香”之句，雅喜治宅。咸平中，归朝为光禄寺少卿，后以寿终焉。

【解读】

释文莹在《玉壶清话》中写道：黄夷简平时以善于作诗而闻名，在忠懿王钱俶的幕中侍宴席二十年。北宋开宝初年，宋太祖赐予钱俶“开吴镇越崇文耀武功臣制诰”。钱俶派遣黄夷简前去朝见宋太祖以示感谢，黄夷简回来后声称生病，随后隐居在安溪的别墅中，保全自己。黄夷简所著《山居》诗，其中有“宿雨一番蔬甲嫩，春山几焙茗旗香”的诗句，平时喜欢治整宅院。在咸平年间，黄夷简回到朝廷并被封为光禄寺少卿，后来高寿而终。

《五杂俎》：建人喜斗茶，故称茗战。钱氏子弟取霅上瓜，各言其中子之的数，剖之以观胜负，谓之瓜战。然茗犹堪战，瓜则俗矣。

【解读】

谢肇淛在《五杂俎》中写道：建州的人们喜欢斗茶，因此被称为茗战。吴越王钱氏子弟取来吴兴霅溪上的西瓜，每个人都要说出其中的西瓜子数，然后将其切开以观察胜负，被称为瓜战。然而茗战可以被看作是一种游戏，而瓜战则显得庸俗了。

《潜确类书》：伪闽甘露堂前，有茶树两株，郁茂婆娑，宫人呼为清人树。每春初，嫔嫱戏于其下，采摘新芽，于堂中设倾筐会。

【解读】

陈仁锡在《潜确类书》中记载：五代时期，闽国甘露堂前有两棵茶树，枝叶茂盛，宫中的人称之为清人树。每年初春，宫中的女官们会在茶树下游戏，采摘新芽，在甘露堂中举办倾筐会。

《宋史》：绍兴四年初，命四川宣抚司支茶博马。

【解读】

据《宋史》记载：宋高宗绍兴四年初，下诏命令四川宣抚司用茶叶换取马匹。

旧赐大臣茶有龙凤饰，明德太后曰："此岂人臣可得？"命有司别制入香京挺以赐之。

【解读】

过去给大臣赏赐的茶有龙凤雕饰，明德太后说：“这怎么是臣子能得到的呢？”于是命令另外制造添加了龙脑香料的京挺茶以便于用来赏赐。

《宋史·职官志》：茶库掌茶，江、浙、荆湖、建、剑茶茗，以给翰林诸司赏赉出鬻。

【解读】

《宋史·职官志》中记载：茶库掌管茶叶，江南地区、两浙地区、荆湖地区、建州和南剑州等地产的茶叶，供应给翰林院的官吏们作为赏赐和出售之用。

《宋史·钱俶传》：太平兴国三年，宴俶长春殿，令刘张、李煜预坐。俶贡茶十万斤，建茶万斤，及银绢等物。

【解读】

《宋史·钱俶传》中记载：宋太宗太平兴国三年，皇帝在长春殿宴请钱俶，命令南汉国主刘张和南唐后主李煜一同参加宴席。钱俶贡茶十万斤、建茶一万斤，以及白绢等物品。

《甲申杂记》：仁宗朝，春试进士集英殿，后妃御太清楼观之。慈圣光献出饼角以赐进士，出七宝茶以赐考官。

【解读】

王巩在《甲申杂记》中写道：宋仁宗时期，进士们在集英殿参加春季考试，皇后和妃嫔们到太清楼观看。皇后曹氏拿出小块茶饼赏赐给进士们，拿出七宝茶赏赐给考官们。

《玉海》：宋仁宗天圣三年，幸南御庄观刈麦，遂幸玉津园，燕群臣，闻民舍机杼，赐织妇茶彩。

【解读】

王应麟在《玉海》中记载：宋仁宗天圣三年，皇帝巡幸南御庄观看收割麦子，之后来到玉津园，宴请群臣。听到民间房舍里织机发出的声音，皇帝赏赐织布的妇女茶叶和绢帛。

陶穀《清异录》：有得建州茶膏，取作耐重儿八枚，胶以金缕，献于闽王曦，遇通文之祸，为内侍所盗，转遗贵人。

【解读】

陶穀的《清异录》中记载：有人得到建州产的茶膏，取来制作出耐重儿茶八枚，并在茶饼表面贴上金丝作为装饰，献给闽王王延钧，正好遇上通文之祸，被太监偷走，并转赠给了贵人。

苻昭远不喜茶，尝为同列御史会茶，叹曰："此物面目严冷，了无和美之态，可谓冷面草也。"

【解读】

苻昭远并不喜欢喝茶，曾经和同僚御史聚在一起喝茶，感叹说："此物外表严肃而冷峻，毫无和谐美好之态，可以称为冷面草。"

孙樵《送茶与焦刑部书》云："晚甘侯十五人遣侍斋阁。此徒皆乘雷而摘，拜水而和，盖建阳丹山碧水之乡，月涧云龛之品，慎勿贱用之。"

【解读】

孙樵在《送茶与焦刑部书》中记载："晚甘侯十五人，派他们去书房服侍。这些人都是趁着春雷采摘茶叶，煮水调制，都来自建阳丹山碧水之地，月涧云龛之间的上等茶叶，千万不要随便轻贱地使用。"

汤悦有《森伯颂》，盖名茶也。方饮而森然严乎齿牙，既久，而四肢森然，二义一名，非熟乎汤瓯境界者谁能目之?

【解读】

汤悦著有《森伯颂》一书，森伯是茶的戏称。茶才品饮时口感纯正浓厚，喝久了会感到四肢清爽，这两种含义于一名。如果不是十分了解品茶境界的人谁能命名呢？

吴僧梵川，誓愿燃顶供养双林傅大士，自往蒙顶山结庵种茶，凡三年，味方全美。得绝佳者曰“圣杨花”“吉祥蕊”，共不逾五斤，持归供献。

【解读】

五代时期吴国的一位僧人梵川，发誓愿以香火烧灼头顶来供养双林傅大士，亲自前往蒙顶山搭建了简陋的房子种茶，三年后，茶叶的味道才变得完美。他得到了极品茶称为“圣杨花”或“吉祥蕊”，总量不超过五斤，然后拿回来供献给双林傅大士。

宣城何子华邀客于剖金堂，酒半，出嘉阳严峻所画陆羽像悬之，子华因言：“前代惑骏逸者为马，泥贯索者为钱癖，爱子者有誉儿癖，耽书者有《左传》癖，若此叟溺于茗事，何以名其癖？”杨粹仲曰：“茶虽珍，未离草也，宜追目陆氏为甘草癖。”一座称佳。

【解读】

宣城的何子华邀请宾客在剖金堂喝酒，酒至半酣，拿出嘉阳严峻所画的陆羽像挂起来，子华说："前代喜欢骏马的人叫马癖，喜欢钱财的人叫钱癖，喜欢夸奖子女的人叫誉儿癖，痴迷读书的人叫《左传》癖，那么像这位老头沉溺于茶道，我们应该怎么称呼他的癖好呢？"杨粹仲回答说："茶虽然珍贵，但也未离开草木，应该把陆氏称为甘草癖。"在座的人都称好。

《类苑》：学士陶穀得党太尉家姬，取雪水烹团茶以饮，谓姬曰："党家应不识此？"姬曰："彼粗人，安得有此！但能于销金帐中浅斟低唱，饮羊膏儿酒耳。"陶深愧其言。

【解读】

江少虞在《宋朝事实类苑》中写道：翰林学士陶穀得到了党太尉家里的侍女，取来雪水煮团茶品饮，对侍女说："党家应该不知道这种雅事吧？"侍女回答说："他是个粗俗的人，怎么会知道这种雅事！只知道在嵌金色线的华丽幔帐里慢慢地喝酒，轻声地唱歌，喝羊膏儿酒而已。"陶穀对自己的言论深感羞愧。

胡峤《飞龙涧饮茶》诗云："沾牙旧姓余甘氏，破睡当封不夜侯。"陶穀爱其新奇，令犹子彝和之。彝应声云："生凉好唤鸡苏佛，回味宜称橄榄仙。”彝时年十二，亦文词之有基址者也。

【解读】

胡峤在《飞龙涧饮茶》诗中写道：“沾牙旧姓余甘氏，破睡当封不夜侯。”陶穀很喜欢其诗句新奇，让侄子陶彝和他一起吟唱。陶彝应声道：“生凉好唤鸡苏佛，回味宜称橄榄仙。”当时的陶彝只有十二岁，也是有文学基础的青年才俊。

《延福宫曲宴记》：宣和二年十二月癸巳，召宰执、亲王、学士曲宴于延福宫，命近侍取茶具，亲手注汤击拂。少顷，白乳浮盏面，如疏星淡月，顾诸臣曰：“此自烹茶。”饮毕，皆顿首谢。

【解读】

蔡京在《延福宫曲宴记》中写道：北宋宣和二年十二月癸巳，皇帝召宰相、王子和学士在延福宫举行私人宴会，皇帝命侍从拿来茶具，亲自注水烹茶。不一会儿，茶杯上浮起了白色的乳沫，如疏星淡月，他回头对大臣们说：“这是我亲自煮的茶。”喝完茶后，众臣都跪拜感谢皇帝。

《宋朝纪事》：洪迈选成《唐诗万首绝句》，表进，寿皇宣谕："阁学选择甚精，备见博洽，赐茶一百镑，清馥香一十贴，薰香二十贴，金器一百两。"

【解读】

《宋朝纪事》中记载：洪迈选编成《唐诗万首绝句》，上表进献朝廷，宋孝宗宣布谕旨："学士选择非常准确恰当，展现了广博的学识，赏赐茶一百镑，清馥香十贴，薰香二十贴，金器一百两。"

《乾淳岁时记》：仲春上旬，福建漕司进第一纲茶，名北苑试新，方寸小镑，进御止百镑，护以黄罗软盝，藉以青箬，裹以黄罗，夹复臣封朱印，外用朱漆小匣镀金锁，又以细竹丝织笈贮之，凡数重。此乃雀舌水芽，所造一镑之值四十万，仅可供数瓯之啜尔。或以一二赐外邸，则以生线分解转遗，好事以为奇玩。

【解读】

周密在《乾淳岁时记》中记载：仲春的上旬，福建转运使进贡了第一批茶，叫北苑试新，只有一寸见方的小镑，每次进贡皇上也只有一百镑，用黄罗软盝子护封，底部垫上箬竹叶，用黄绸包裹，夹上大臣的封条朱印，外用红漆小匣子镀金锁，然后放入细竹和丝绸编织的小箱子里，一共好多层。这就是所谓的雀舌水芽，制造一镑价值高达四十万，仅够供几杯的品饮。有时会赐给在京的诸王一二铐，也会用生丝线将茶饼分解转赠，好事的人认为这是供玩赏的珍品。

《南渡典仪》：车驾幸学，讲书官讲讫，御药传旨宣坐赐茶。凡驾出，仪卫有茶酒班殿侍两行，各三十一人。

【解读】

周密在《南渡典仪》中写道：皇帝巡幸太学，讲书官讲完，负责管理药物的官员传达皇帝的旨意，让臣子们坐下并赐予茶水。每当皇帝外出时，仪仗中有茶酒班殿侍从分成两行，每行三十一人。

《司马光日记》：初除学士待诏李尧卿宣召称："有敕。"口宣毕，再拜，升阶，与待诏坐，啜茶。盖中朝旧典也。

【解读】

《司马光日记》记载：刚被任命的学士待诏李尧卿宣布诏令说："有敕文。"口头宣布完毕，再次跪地拜谢，上得阶前，与待诏一起坐下，品茶。这是朝廷的旧制度。

欧阳修《龙茶录后序》：皇祐中，修起居注，奏事仁宗皇帝，屡承天问，以建安贡茶并所以试茶之状谕臣，论茶之舛谬。

臣追念先帝顾遇之恩，览本流涕，辄加正定，书之于石，以永其传。

【解读】

欧阳修在《龙茶录后序》中写道：我在皇祐年间负责修起居注，向仁宗帝上疏奏事，多次得到皇帝询问建安贡茶和烹饼茶的情况，谈论茶事的谬误。我追念先帝的赏识和知遇之恩，看到皇帝批阅的奏本后，痛哭流涕，于是进行校订改正，亲自书写并刻在石碑上，以便永传后世。

《随手杂录》：子瞻在杭时，一日中使至，密谓子瞻曰："某出京师辞官家。官家曰：'辞了娘娘来。'某辞太后殿，复到官家处，引某至一柜子旁，出此一角密语曰：'赐与苏轼，不得令人知。'遂出所赐，乃茶一斤，封题皆御笔。"子瞻具札，附进称谢。

【解读】

王巩在《随手杂录》中写道：苏轼在杭州任官时，有一天宫中派来使者，悄悄对苏轼说："我出京师向皇帝辞行。皇帝说：'先向太后辞行后再来。'我离开太后殿，又去到皇帝处辞行，皇帝引我到一柜子旁，拿出一角东西悄悄对我说：'赐给苏轼，不要让别人知道。'于是拿出所赏赐的东西，是一斤茶，都是皇帝亲笔封题。”苏轼写了奏疏交给中使，向皇帝称谢。

潘中散适为处州守，一日作醮，其茶百二十盏皆乳花，内一盏如墨，诘之，则酌酒人误酌茶中。潘焚香再拜谢过，即成乳花，僚吏皆惊叹。

【解读】

潘中散在担任处州太守的时候，有一天举行斋醮祭神，一百二十杯茶都呈现出白色乳花，中间一杯茶的颜色如墨。责问之下，原来是倒酒的人不小心把酒倒进了茶里。潘中散立刻焚香再拜谢罪，那杯茶立刻又变成了白色的乳花。同僚吏役都惊叹不已。

《石林燕语》：故事，建州岁贡大龙凤团茶各二斤，以八饼为斤。仁宗时，蔡君谟知建州，始别择茶之精者为小龙团，十斤以献，斤为十饼。仁宗以非故事，命劾之，大臣为请，因留而免劾，然自是遂为岁额。熙宁中，贾清为福建运使，又取小团之精者为密云龙，以二十饼为斤，而双袋谓之双角团茶。大小团袋皆用绯，通以为赐也。密云龙独用黄，盖专以奉玉食。其后又有瑞云翔龙者。宣和后，团茶不复贵，皆以为赐，亦不复如向日之精。后取其精者为銙茶，岁赐者不同，不可胜纪矣。

**【解读】**

叶梦得在《石林燕语》中记载：按旧例，建州每年要献上大龙凤团茶各二斤，以八块茶饼计为一斤。宋仁宗时期，蔡襄担任建州知府，才开始另外挑选茶中精品，制成十斤重的小龙团茶进贡给朝廷，每斤十块茶饼。宋仁宗认为这不符合以往的惯例，命令大臣弹劾他，经过大臣们的请求，因此免劾留用，然而从此成为每年进贡的定额。宋神宗熙宁年间，贾清担任福建转运使，又选取小团茶中的精品为密云龙，每斤二十块茶饼，而双袋包装的则称为双角团茶。大小龙团都用红色丝绸包装，通常作为赏赐之物。而密云龙独用黄色丝绸包装，专门供奉给皇帝。其后又有瑞云翔龙茶。宣和以后，团茶不再那么尊贵，都变成了赏赐之物，也不再像以前那样精致了。后来又选择其中的精品做成铸茶，每年的赏赐都不一样，不能一一记述了。

**《春渚纪闻》：东坡先生一日与鲁直、文潜诸人会，饭既，食骨馅儿血羹。客有须薄茶者，因就取所碾龙团遍啜坐客。或曰："使龙茶能言，当须称屈。"**

**【解读】**

何薳在《春渚纪闻》中记载：苏轼有一天与黄庭坚、张耒等人聚在一起吃饭。饭后，他们享用了骨馅儿血羹。客人有需要喝淡茶的，于是拿出了研磨好的龙团茶让在座的客人一同品饮。有人说："如果龙团茶会说话，必会叫屈了。"

魏了翁《先茶记》：眉山李君铿，为临邛茶，吏以故事，三日谒先茶。君诘其故，则曰："是韩氏而王号，相传为然，实未尝请命于朝也。"君曰："饮食皆有先，而况茶之为利，不惟民生食用之所资，亦马政、边防之攸赖。是之弗图，非忘本乎！"于是撤旧祠而增广焉，且请于郡上神之功状于朝，宣赐荣号，以侈神赐。而驰书于靖，命记成役。

【解读】

魏了翁在《邛州先茶记》中写道：眉山人李君铿担任临邛管理茶务的官员，属下吏役按照惯例，每隔三天要拜谒茶祖。李君铿责问其中的缘故，回答说："这是韩氏称王时世代传承下来的传统，实际上并没有请命于朝廷。"李君铿说："饮食都有先祖崇拜，更何况茶叶的利益不仅仅是人们生活日用之所资，也是马政和边防所信赖。如果不继续这样做，岂不是忘本吗？"于是撤除旧祠庙而增修扩建，并且奏请郡守向朝廷呈报茶祖的功劳，皇帝赐予荣誉称号，并增加封赏。同时急速送信通知我，让我记录这件事情。

《拊掌录》：宋自崇宁后复榷茶，法制日严。私贩者固已抵罪，而商贾官券清纳有限，道路有程。纤悉不如令，则被击断，或没货出告。昏愚者往往不免。其侪乃目茶笼为草大虫，言伤人如虎也。

【解读】

元怀在《拊掌录》中有记载：宋朝徽宗崇宁年间后又实行了榷茶制度，法令制度更加严格。私自卖茶的人固然要治罪，而合法经营的商人，官府发行的钱票要限期清理交纳，行商的路程也有限制。任何违法行为都会被当作私贩来打击，货物可能被没收并通告。愚蠢的人往往难免被问罪。因此，同辈的茶商把茶叶视为草大虫，说茶叶伤人犹如猛虎。

《苕溪渔隐丛话》：欧公《和刘原父扬州时会堂绝句》云："积雪犹封蒙顶树，惊雷未发建溪春。中州地暖萌芽早，入贡宜先百物新。"注：时会堂，造贡茶所也。余以陆羽《茶经》考之，不言扬州出茶，惟毛文锡《茶谱》云："扬州禅智寺，隋之故宫，寺傍蜀冈，其茶甘香，味如蒙顶焉。"第不知入贡之因起何时也。

【解读】

胡仔在《苕溪渔隐丛话》中记载：欧阳修《和刘原父扬州时会堂绝句》诗写道："积雪犹封蒙顶树，惊雷未发建溪春。中州地暖萌芽早，入贡宜先百物新。”注：时会堂，指制造贡茶的地方。我按照陆羽《茶经》的考察，并没有说扬州产茶，只有毛文锡《茶谱》中说：“扬州禅智寺是隋朝时期的旧宫殿，禅智寺靠近蜀冈，所产的茶叶味道香甜，就像蒙顶茶一样。”只是不知道他们茶叶选为贡品的原因是什么时候开始的。

《卢溪诗话》：双井老人以青沙蜡纸裹细茶寄人，不过二两。

【解读】

据王庭珪《卢溪诗话》记载：黄庭坚以青沙蜡纸包裹细茶寄赠友人，不超过二两。

《青琐诗话》：大丞相李公昉尝言，唐时目外镇为粗官，有学士贻外镇茶，有诗谢云：“粗官乞与真虚掷，赖有诗情合得尝。”（外镇即薛能也。）

【解读】

刘斧在《青琐诗话》中记载：北宋丞相李昉曾经说过，唐朝时把镇抚地方的官员看作粗官，有一位学士给镇抚地方的官员送茶，写诗感谢道：“粗官乞与真虚掷，赖有诗情合得尝。”外镇，指曾经担任徐州节度使的诗人薛能。

《玉堂杂记》：淳熙丁酉十一月壬寅，必大轮当内直，上曰："卿想不甚饮，比赐宴时，见卿面赤。赐小春茶二十镑，叶世英墨五团，以代赐酒。"

【解读】

周必大《玉堂杂记》有记载：宋孝宗淳熙四年十一月壬寅日，轮到周必大在宫内值勤，皇上对他说："你想必不擅长喝酒，近来赐宴时看到你脸色发红。就赐你小春茶二十镑，叶世英制作的墨五团，以代替赐酒。"

陈师道《后山丛谈》：张忠定公令崇阳，民以茶为业。公曰："茶利厚，官将取之，不若早自异也。"命拔茶而植桑，民以为苦。其后榷茶，他县皆失业，而崇阳之桑皆已成，其为绢而北者，岁百万匹矣。（又见《名臣言行录》。）

【解读】

陈师道在《后山丛谈》中记载：张咏担任崇阳县令，当地人以种茶为业。张咏说："种茶利润丰厚，官府就要索取，还不如早点改种其他作物。"于是下令拔掉茶树而改种桑树，当地民众深感困苦。随后实行榷茶制度，其他县的民众都失去谋生的职业，而崇阳的桑树已经长大，制作成丝绢并销往北方，每年就达到上百万匹。此事又见《名臣言行录》。

文正李公既薨，夫人诞日，宋宣献公时为侍从。公与其僚二十余人诣第上寿，拜于帘下，宣献前曰："太夫人不饮，以茶为寿。"探怀出之，注汤以献，复拜而去。

【解读】

李昉去世后，夫人过生日，当时宋绶是李昉的侍从。宋绶和其他同僚一共二十多人去拜访府第，祝贺夫人寿辰，大家跪拜在帘下，宋绶上前说："太夫人不喝酒，我们以茶来为您祝寿。"他从怀中拿出茶叶，注水后献给夫人，再次行礼离开。

张芸叟《画墁录》：有唐茶品，以阳羡为上供，建溪北苑未著也。贞元中，常衮为建州刺史，始蒸焙而研之，谓研膏茶。其后稍为饼样，而穴其中，故谓之一串。陆羽所烹，惟是草茗尔。迨本朝建溪独盛，采焙制作，前世所未有也，士大夫珍尚鉴别，亦过古先。丁晋公为福建转运使，始制为凤团，后为龙团，贡不过四十饼，专拟上供，即近臣之家，徒闻之而未尝见也。天圣中，又为小团，其品迥嘉于大团。赐两府，然止于一斤，唯上大斋宿，两府八人共赐小团一饼，缕之以金。八人析归，以侈非常之赐，亲知瞻玩，赓唱以诗，故欧阳永叔有《龙茶小录》。或以大团赐者，辄刲方寸，以供佛、供仙、奉家庙，已而奉亲并待客享子弟之用。熙宁末，神宗有旨，建州制密云龙，其品又加于小团。自密云龙出，则二团少粗，以不能两好也。予元祐中，详定殿试，是年分为制举考第官，各蒙赐三饼，然亲知诛责，殆将不胜。

【解读】

张舜民在《画墁录》中记载：唐朝的茶叶种类中，阳羡茶是上等的贡品，而福建建溪的北苑茶还不太有名。唐德宗贞元年间，常衮担任建州刺史，开始蒸制并研磨茶叶，称之为研膏茶。后来茶叶逐渐形成饼状，中间有一个孔，因此被称为一串。陆羽所煮的茶，只是普通的草茶而已。到了本朝，建溪茶享有盛誉，其采摘、烘焙和制作工艺都是前代所未有的，士大夫们非常喜爱和推崇，鉴别水平也超过了以前。

丁谓担任福建转运使时，开始制作凤团，后来又制作龙团，每年的贡品也只有四十块，专门供皇帝御用，即使是皇帝左右亲近的大臣，也只是听说而未曾见过。天圣年间，又制作了小龙团，品质远优于大龙团。

这些茶饼赏赐给中书省和枢密院两府，然而只有一斤，只有在皇帝举行大斋戒的晚上，两府的八个人才能总共赏赐一个小团饼，用金丝裹起来。八个人分开带回家，作为珍贵的赏赐，在亲戚朋友中展示观赏，用诗歌来赞美，所以欧阳修就写了《龙茶小录》。

有时候得到大龙团的赏赐，就要将它分成方寸小块，用来供奉佛祖、神仙和家庙，然后才能供奉双亲、招待宾客以及与子弟分享。熙宁末年，宋神宗下旨在建州制作密云龙，它的品质又超过了小龙团。自从制作密云龙团茶后，龙团和凤团的制作数量减少，质量也变得粗糙，因为无法同时做到两种都制作精美。在元祐年间详细制定殿试之制，这一年分为制举考第官员，每人赏赐了三块茶饼，然亲戚朋友索求，几乎不胜其扰。

熙宁中，苏子容使虏，姚麟为副，曰："盍载些小团茶乎？"子容曰："此乃供上之物，畴敢与虏人。"未几有贵公子使虏，广贮团茶以往，自尔虏人非团茶不纳也，非小团不贵也。彼以二团易蕃罗一匹，此以一罗酬四团，少不满意，即形言语。近有贵貂守边，以大团为常供，密云龙为好茶云。

【解读】

在熙宁年间，苏颂出使北方的辽国，姚麟作为副使，向苏颂提议说："为什么不带些小团茶呢？"苏颂说："这是供奉皇上的物品，谁敢送给北方虏人。"没过多久又有一位贵宦公子出使北方的辽国，带了大量的团茶前往，从那时起，辽人非团茶就不收，非小龙团就不以为珍贵。他们那边以两个团饼交换一匹蕃罗，我们这边则以一匹蕃罗可以换四个团饼，稍有不满意，就会马上吵闹。最近有权势的太监在北方边境驻守，认为大龙团是常供的茶，密云龙也只是一种好茶而已。

《鹤林玉露》：岭南人以槟榔代茶。

【解读】

《鹤林玉露》中说：岭南地区的人用槟榔来代替茶饮用。

彭乘《墨客挥犀》：蔡君谟，议茶者莫敢对公发言，建茶所以名重天下，由公也。后公制小团，其品尤精于大团。一日，福唐蔡叶丞秘教召公啜小，坐久，复有一客至，公啜而味之曰："此非独小团，必有大团杂之。"丞惊，呼童诘之，对曰："本碾造二人茶，继有一客至，造不及，即以大团兼之。"丞神服公之明审。

【解读】

彭乘的《墨客挥犀》中有记载：蔡襄，谈论茶事的人没有敢对他发表言论，建茶之所以有极大的名声，也是因为蔡公。后来蔡公制作了小龙团茶，品质比大龙团茶更精。有一天，福唐人蔡叶丞秘密派人邀请蔡公品尝小龙团茶，他坐下品尝了很久，又来了一位客人，蔡公品味着茶说："这茶不只是小龙团茶，肯定还掺杂了大龙团茶。"蔡叶丞大为震惊，赶紧叫来童子责问，童子回答道："本来是碾磨了两个人的茶，但又来了一位客人，来不及碾磨，所以就把大龙团茶掺在一起了。”蔡叶丞对蔡公的敏锐细致深感钦佩。

王荆公为小学士时，尝访君谟。君谟闻公至，喜甚，自取绝品茶，亲涤器，烹点以待公，冀公称赏。公于夹袋中取消风散一撮，投茶瓯中，并食之。君谟失色，公徐曰：“大好茶味。”君谟大笑，且叹公之真率也。

【解读】

王安石在担任翰林学士的时候，曾经去拜访蔡襄。蔡襄听说王安石来了，非常高兴，取来极品茶叶，亲自清洗了茶具，煮了一壶美味的茶来招待王安石，希望能得到王安石的赞赏。王安石从衣服里面的口袋中拿出一撮消风散，投进茶瓯里一并饮用。蔡襄大惊失色，王安石慢慢说道：“这茶的味道好极了。”蔡襄大笑起来，而且叹服王安石的纯真坦率。

鲁应龙《闲窗括异志》：当湖德藏寺有水陆斋坛，往岁富民沈忠建。每设斋，施主虔诚，则茶现瑞花，故花俨然可睹，亦一异也。

【解读】

据鲁应龙《闲窗括异志》中记载：当湖的德藏寺有水陆道

场，是由当地以前富裕的百姓沈忠修建的。每次向僧尼施食的时候，施主都非常恭敬而且有诚意，茶水中就会出现瑞花，它的花纹仿佛可见，这也是一种很不寻常的景象。

周煇《清波杂志》：先人尝从张晋彦觅茶，张答以二小诗云："内家新赐密云龙，只到调元六七公。赖有山家供小草，犹堪诗老荐春风。""仇池诗里识焦坑，风味官焙可抗衡。钻余权幸亦及我，十辈遣前公试烹。"诗总得偶病，此诗俾其子代书，后误刊《于湖集》中。焦坑产庾岭下，味苦硬，久方回甘。如"浮石已干霜后水，焦坑新试雨前茶"，东坡《南还回至章贡显圣寺》诗也。后屡得之，初非精品，特彼人自以为重，包裹钻权幸，亦岂能望建溪之胜？

**【解读】**

周煇的《清波杂志》记载：我的父亲曾经向张晋彦寻求茶，张晋彦以两首小诗作答道："内家新赐密云龙，只到调元六七公。赖有山家供小草，犹堪诗老荐春风。""仇池诗里识焦坑，风味官焙可抗衡。钻余权幸亦及我，十辈遣前公试烹。"写诗时张晋彦偶然得病，是张晋彦让他的儿子代写的，后来却错误地刊刻在了《于湖集》中。焦坑茶产于庾岭之下，味道苦硬，许久才能回味出甘甜。像"浮石已干霜后水，焦坑新试雨前茶"，这是苏东坡《南还回至章贡显圣寺》中的诗句。后来我多次得到焦坑茶，最初并非精品，只是当地人自以为珍贵，用它来巴结权贵，又哪里能与建溪茶相比呢？

《东京梦华录》：旧曹门街北山子茶坊内，有仙洞、仙桥，士女往往夜游，吃茶于彼。

**【解读】**

孟元老在《东京梦华录》中记载：在从前的曹门街北山子茶坊里，有仙洞、仙桥，青年男女经常夜间来这里游玩，并且还会在那里品茶。

《五色线》：骑火茶，不在火前，不在火后故也。清明改火，故曰骑火茶。

**【解读】**

《五色线》中记载：骑火茶，它蕴藏的含义并不在火前，也不在火后。清明节改火，所以称为骑火茶。

《梦溪笔谈》：王东城素所厚惟杨大年。公有一茶囊，唯大年至，则取茶囊具茶，他客莫与也。

【解读】

沈括在《梦溪笔谈》中写道：王东城向来所厚待的只有杨大年。王东城有一个茶囊，只有杨大年来的时候，才会拿出茶囊准备泡茶，其他客人从来没有这样的待遇。

《华夷花木考》：宋二帝北狩，到一寺中，有二石金刚并拱手而立。神像高大，首触桁栋，别无供器，止有石盂、香炉而已。有一胡僧出入其中，僧揖坐问："何来？"帝以南来对。僧呼童子点茶以进，茶味甚香美。再欲索饮，胡僧与童子趋堂后而去。移时不出，入内求之，寂然空舍。惟竹林间有一小室，中有石刻胡僧像，并二童子侍立，视之俨然如献茶者。

【解读】

慎懋官在《华夷花木考》中说：宋朝徽宗、钦宗两位皇帝被金兵掳到北方去，路过一座寺庙，有两尊石制的金刚拱手而立。神像非常高大，头几乎触到了正梁，寺庙里没有其他祭祀用的器皿，只有石盂和香炉。有一位胡僧走入寺庙，胡僧作揖坐下询问道："你们从何处来呢？"两位皇帝回答说从南方而来。胡僧让寺庙的童子泡了上好的茶叶进献给两位皇帝，茶的味道极其清香甘美。两位皇帝想再次要茶喝时，胡僧和童子快步走向堂后。过了一会儿也没出来，两位皇帝便进去求茶，发现是一个空的房屋。竹林中有一间小屋，屋里有石头雕刻的胡僧像，两位童子恭谨地站在旁边伺候，看起来就像刚才献茶的人。

马永卿《懒真子录》：王元道尝言：陕西子仙姑，传云得道术，能不食。年约三十许，不知其实年也。陕西提刑阳翟李熙民逸老，正直刚毅人也。闻人所传甚异，乃往青平军自验之。既见道貌高古，不觉心服。因曰："欲献茶一杯可乎？"姑曰："不食茶久矣，今勉强一啜。"既食，少顷垂两手出，玉雪如也。须臾，所食之茶从十指甲出，凝于地，色犹不变。逸老令就地刮取，且使尝之，香味如故，因大奇之。

【解读】

马永卿在《懒真子录》中写道：王元道曾经说过：陕西子仙姑，传说修得道术，可以不吃饭。她看起来大约三十岁，不知道她的真实年龄。陕西提刑是阳翟人李熙民逸老，为人正直刚毅。听到别人所传很奇异，就亲自前往青平军验证。看到仙姑高雅古朴的相貌，不由得信服。于是说："我想请您喝一杯茶，可以吗？"仙姑说："我已经很久不喝茶了，今天勉强尝一口吧。"喝完茶后，她片刻后垂双手出来，如同白雪一般。过了一会儿，她喝的茶从十个指甲中涌出，凝结在地面，色泽仍然没有变。逸老下令就地刮取茶，并让大家品尝，香味如故，让大家感到非常惊讶。

《朱子文集·与志南上人书》：偶得安乐茶，分上廿瓶。

【解读】

《朱子文集》中的《与志南上人书》上记载：偶然间得到了安乐茶，分给志南上人二十瓶。

《陆放翁集·同何元立蔡肩吾至丁东院汲泉煮茶》诗云："云芽近自峨眉得，不减红囊顾渚春。旋置风炉清樾下，他年奇事属三人。"

【解读】

陆游《陆放翁集》中的《同何元立蔡肩吾至丁东院汲泉煮茶》这首诗写道："云芽近自峨眉得，不减红囊顾渚春。旋置风炉清樾下，他年奇事属三人。"

《周必大集·送陆务观赴七闽提举常平茶事》诗云："暮年桑苎毁《茶经》，应为征行不到闽。今有云孙持使节，好因贡焙祀茶人。"

【解读】

《周必大集中的送陆务观赴七闽提举常平茶事》诗写道：

“暮年桑苎毁《茶经》，应为征行不到闽。今有云孙持使节，好因贡焙祀茶人。”

《梅尧臣集》：《晏成续太祝遗双井茶五品，茶具四枚，近诗六十篇，因赋诗为谢》。

【解读】

《梅尧臣集》中的一篇文章标题，翻译为现代文是：晏成续太祝赠送给我双井茶五种口味，还有四套茶具，以及他近期的六十首诗作，因此我特意赋诗一首以表达谢意。

《黄山谷集》有《博士王扬休碾密云龙，同事十三人饮之戏作》。

【解读】

《黄山谷集》中有《博士王扬休碾密云龙，同事十三人饮之戏作》一诗。

《晁补之集·和答曾敬之秘书见招能赋堂烹茶》诗：“一碗分来百越春，玉溪小暑却宜人。红尘他日同回首，能赋堂中偶坐身。”

【解读】

《晁补之集》中的《和答曾敬之秘书见招能赋堂烹茶》一诗写道："一碗分来百越春，玉溪小暑却宜人。红尘他日同回首，能赋堂中偶坐身。"

《苏东坡集·送周朝议守汉川》诗云："茶为西南病，甿俗记二李。何人折其锋，矫矫六君子。"（注：二李，杞与稷也。六君子谓师道与侄正儒、张永徽、吴醇翁、吕元钧、宋文辅也。盖是时蜀茶病民，二李乃始敝之人，而六君子能持正论者也。）

【解读】

《苏东坡集》中的《送周朝议守汉川》一诗写道："茶为西南病，甿俗记二李。何人折其锋，矫矫六君子。"注：这里的"二李"指的是李杞与李稷两人，而"六君子"则是指师道与他的侄子正儒，以及张永徽、吴醇翁、吕元钧、宋文辅这六位。大致的情况是，当时蜀地的茶叶给百姓带来了沉重的负担，而那两位姓李的官员是这一问题的始作俑者，相比之下，那六位君子则是能够坚持正义、提出正确见解的人。

仆在黄州，参寥自吴中来访，馆之东坡。一日，梦见参寥所作诗，觉而记其两句云："寒食清明都过了，石泉槐火一时新。"后七年，仆出守钱塘，而参寥始卜居西湖智果寺院，院有泉出石缝间，甘冷宜茶。寒食之明日，仆与客泛湖自孤山来谒参寥，汲泉钻火烹黄蘖茶。忽悟所梦诗，兆于七年之前。众客皆惊叹。知传记所载，非虚语也。

**【解读】**

我在黄州的时候，道潜从吴中前来拜访，居住在东坡。有一天，我梦到道潜所作的诗，醒来后记住了其中的两句："寒食清明都过了，石泉槐火一时新。"七年后，我被任命为杭州知州，而道潜也选择在西湖的智果寺院居住，寺院内有泉水从石缝中涌出，甘甜冷冽适合煮茶。寒食节后的第二天，我和客人乘船从孤山来拜访道潜，取泉水，钻木取火，烹煮黄蘖茶。突然间我感悟到了梦中的诗句，原来七年前已经有了预兆。众人都感到惊讶和赞叹。从这件事可以看出，传记中记载的故事并非虚构的。

东坡《物类相感志》：芽茶得盐，不苦而甜。又云：吃茶多腹胀，以醋解之。又云：陈茶烧烟，蝇速去。

**【解读】**

苏轼在《物类相感志》中说：将芽茶放盐，会感觉不再苦涩而变得甘甜。又说：喝茶过多会导致腹胀，可以用醋来缓解。又说：用陈茶熏烟，可以快速驱赶苍蝇。

《杨诚斋集·谢傅尚书送茶》：远饷新茗，当自携大瓢，走汲溪泉，束涧底之散薪，然折脚之石鼎，烹玉尘，啜香乳，以享天上故人之惠。愧无胸中之书传，但一味搅破菜园耳。

**【解读】**

杨万里《杨诚斋集》中有《谢傅尚书送茶》写道：感谢您从远方送来的新茶，我应当携带大瓢，汲取山溪泉水，整理山涧下的散落柴火，然后用折脚的石鼎，烹煮茶末，品尝香乳，以享受远方老友的恩惠。只可惜我心中没有诗能流传，只是偶尔贪吃些肉食而导致腹疾而已。

郑景龙《续宋百家诗》：本朝孙志举，有《访王主簿同泛菊茶》诗。

**【解读】**

郑景龙《续宋百家诗》中记载：本朝有个叫孙志举的人，有《访王主簿同泛菊茶》一诗。

吕元中《丰乐泉记》：欧阳公既得酿泉，一日会客，有以新茶献者。公敕汲泉瀹之。汲者道仆覆水，伪汲他泉代。公知其非酿泉，诘之，乃得是泉于幽谷山下，因名丰乐泉。

【解读】

吕元中在《丰乐泉记》中写道：欧阳修访得酿泉，一天会聚宾客，有人献了新茶。欧阳修让仆人去取泉水煮茶。取水的仆人在路上摔倒把水洒了，于是取了其他泉水来代替。欧阳修发现不是酿泉的水，责问取水的仆人，才知道另一处泉水在幽谷山下，因而命名为丰乐泉。

《侯鲭录》：黄鲁直云："烂蒸同州羊，沃以杏酪，食之以匕，不以箸。抹南京面作槐叶冷淘，糁以襄邑熟猪肉，炊共城香稻，用吴人鲙松江之鲈。既饱，以康山谷帘泉烹曾坑斗品。少焉，卧北窗下，使人诵东坡《赤壁》前后赋，亦足少快。"（又见《苏长公外纪》。）

【解读】

赵令畤《侯鲭录》中记载：黄庭坚说："吃烂熟的同州羊肉，浇上杏仁粥，用匕首边切边吃，而不是用筷子。再把南京面切细制作成槐叶冷淘，加上襄邑的熟猪肉，煮上共城的香稻，吃上吴人做的吴淞江鲈鱼。吃饱后，用康山谷帘泉水煮上等的曾坑茶。稍等片刻，仰卧在朝北的窗户下，使人诵读苏轼的前后《赤壁赋》，也足可以称为一种快事。"（又见《苏长公外纪》。）

《苏舜钦传》：有兴则泛小舟出盘、阊二门，吟啸览古，渚茶野酿，足以消忧。

【解读】

《苏舜钦传》记载：有兴致时乘着小船出苏州，高声吟唱，游览古迹，江南水乡低洼地区生长的野茶，山野人家自酿的酒，都能让人消除愁闷。

《过庭录》：刘贡父知长安，妓有茶娇者，以色慧称。贡父惑之，事传一时。贡父被召至阙，欧阳永叔去城四十五里迓之，贡父以酒病未起。永叔戏之曰："非独酒能病人，茶亦能病人多矣。"

【解读】

范公偁在《过庭录》中写道：刘攽在担任长安知府的时候，有一位叫茶娇的妓女，以美貌和聪慧著称。刘攽被她所迷，这件事在当地广为传说。刘攽被召回朝廷，欧阳修出城四十五里去迎接他，但刘攽因为喝醉酒而没有起来。欧阳修调侃他说："不是只有酒能醉人，茶也可以让人醉。"

《合璧事类》：觉林寺僧志崇制茶有三等：待客以惊雷荚，

自奉以萱草带，供佛以紫茸香。凡赴茶者，辄以油囊盛余沥。

【解读】

谢维新在《古今合璧事类备要》中说：觉林寺的僧人把制作的茶分为三种不同等级：用惊雷荚款待寺院的客人，僧人自己喝萱草带，向佛祖供奉的是紫茸香。凡是赶去参加茶会的人，就用油囊来盛装剩下的茶水。

江南有驿官，以干事自任。白太守曰："驿中已理，请一阅之。"刺史乃往，初至一室为酒库，诸醞皆熟，其外悬一画神，问："何也？"曰："杜康。"刺史曰："公有余也。"又至一室为茶库，诸茗毕备，复悬画神，问："何也？"曰："陆鸿渐。"刺史益喜。又至一室为菹库，诸俎咸具，亦有画神，问："何也？"曰："蔡伯喈。"刺史大笑，曰："不必置此。"

【解读】

江南有一位驿站的官吏，以办事干练自任。他对太守说："驿站中的事情已经处理妥当，请您过目检查一下。"

于是刺史前往，先到第一间屋子是酒库，各种酒都已酿熟，屋外悬挂着一幅神像，刺史问："这是谁？"

回答说："是杜康。"

刺史说："您这公务完成得绰绰有余啊。"

又到了另一间屋子是茶库，各种茶叶都齐备，又悬挂着一幅神像，刺史问："这是谁？"

回答说："是陆羽。"

刺史更加高兴。又到了另一间屋子是肉酱库，各种砧板都已齐备，也悬挂有一幅神像，刺史问："这是谁？"

回答说："是蔡邕。"

刺史大笑，说："这个就不必挂在此了。"

江浙间养蚕，皆以盐藏其茧而缫丝，恐蚕蛾之生也。每缫毕，即煎茶叶为汁，捣米粉搜之。筛于茶汁中煮为粥，谓之洗缸粥。聚族以啜之，谓益明年之蚕。

【解读】

在江浙一带养蚕，都用盐藏在蚕茧中去缫丝，以免蚕茧孵化成蚕蛾。每次缫丝完毕，他们会煮茶叶提取汁液，然后将米粉捣碎检查。筛到茶汁中煮成粥，称为洗缸粥。所有家族成员聚在一起品尝，说有益于明年的蚕业生产。

《经钼堂杂志》：松声、涧声、山禽声、夜虫声、鹤声、琴声、棋落子声、雨滴阶声、雪洒窗声、煎茶声，皆声之至清者。

【解读】

《经钼堂杂志》中记载：松涛声、山涧水声、山中鸟鸣声、夜晚虫鸣声、鹤叫声、琴声、棋子落下的声音、雨滴落在台阶上的声音、雪花飘落在窗户上的声音、煎茶的声音，都是最清越的声音。

《松漠纪闻》：燕京茶肆设双陆局，如南人茶肆中置棋具也。

【解读】

《松漠纪闻》记载：燕京茶馆设置双陆游戏，就像南方茶馆里摆放棋具一样。

《梦粱录》：茶肆列花架，安顿奇松、异桧等物于其上，装饰店面，敲打响盏。又冬月添卖七宝擂茶、馓子、葱茶。茶肆楼上专安着妓女，名曰花茶坊。

【解读】

《梦粱录》记载：茶馆中摆放着花架，上面安顿着奇松、异桧等植物用以装饰店面，敲打响盏来吸引顾客。到了冬天添卖七宝擂茶、馓子和葱茶。茶馆的楼上专门安排有妓女的，被称作花茶坊。

《南宋市肆记》：平康歌馆，凡初登门，有提瓶献茗者。虽杯茶，亦犒数千，谓之点花茶。

【解读】

周密在《南宋市肆记》中说：平康巷里表演歌舞的楼馆，凡是第一次登门的客人，都会有专门提着茶瓶的人来献茶。虽然只是一杯茶，也要犒赏数千钱，被称为点花茶。

诸处茶肆，有清乐茶坊、八仙茶坊、珠子茶坊、潘家茶坊、连三茶坊、连二茶坊等名。

【解读】

各处的茶馆，有清乐茶坊、八仙茶坊、珠子茶坊、潘家茶坊、连三茶坊、连二茶坊等名号。

谢府有酒，名胜茶。

【解读】

谢府有酒，名字叫做胜茶。

宋《都城纪胜》：大茶坊，皆挂名人书画。人情茶坊，本以茶汤为正。水茶坊，乃娼家聊设果凳，以茶为由，后生辈甘于费钱，谓之干茶钱。又有提茶瓶及龊茶名色。

【解读】

宋耐得翁在《都城纪胜》中写道：在大茶坊里，都悬挂着名人书画。根据人之常情，茶坊本来应该是以供应茶水为正经生意。水茶坊，就是娼妓家里设立的场所，略摆放一些水果桌凳，以卖茶为由，年轻人甘心花费钱财，称为干茶钱。又有提茶瓶和龊茶等名目。

《臆乘》：杨衒之作《洛阳伽蓝记》，曰“食有酪奴”，盖指茶为酪粥之奴也。

【解读】

《臆乘》中记载：杨衒之作《洛阳伽蓝记》，说“饮食中有酪奴”，意思是指茶为酪粥的奴婢。

《瑯嬛记》：昔有客遇茅君，时当大暑，茅君于手巾内解茶叶，人与一叶，客食之，五内清凉。茅君曰：“此蓬莱穆陀树叶，众仙食之以当饮。”又有宝文之蕊，食之不饥。故谢幼贞诗云："摘宝文之初蕊，拾穆陀之坠叶。"

【解读】

《瑯嬛记》中有记载：很久以前有客人遇到了三茅真君，当时天气酷热，三茅真君从手帕内拿出了些许茶叶，分给每人一片，客人品饮后，感觉五脏清凉。三茅真君说："这是蓬莱的穆陀树叶，众神经常用它来泡茶喝。"另外还有宝文树的花蕊，服用后便不会感受到饥饿。因此，谢幼贞在诗中这样写道："摘宝文之初蕊，拾穆陀之坠叶。"

杨南峰《手镜》载：宋时姑苏女子沈清友，有《续鲍令晖香茗赋》。

【解读】

杨南峰《手镜》中记载：宋朝时苏州有一位名叫沈清友的女子，著有《续鲍令晖香茗赋》。

孙月峰《坡仙食饮录》：密云龙茶极为甘馨。宋廖正一，字明略，晚登苏门，子瞻大奇之。时黄、秦、晁、张号苏门四学士，子瞻待之厚，每至必令侍妾朝云取密云龙烹以饮之。一日，又命取密云龙，家人谓是四学士，窥之乃明略也。山谷诗有"矞云龙"，亦茶名。

【解读】

明朝的孙矿在《坡仙食饮录》中记载：密云龙茶味道极其甘甜馨香。宋朝的廖正一，字明略，虽然拜在苏轼门下比较晚，但苏轼对他十分器重。当时黄庭坚、秦观、晁补之和张耒四人被称为“苏门四学士”，苏轼对待他们特别优厚，每次来访必定让侍妾朝云端上密云龙茶供他们品饮。有一天，苏轼再次让朝云去取密云龙茶，家人误以为是四学士来访，暗中却发现是廖正一。黄庭坚在诗中有提到“矞云龙”，也是茶的名字。

《嘉禾志》：煮茶亭，在秀水县西南湖中，景德寺之东禅堂。宋学士苏轼与文长老尝三过湖上，汲水煮茶，后人因建亭以识其胜。今遗址尚存。

【解读】

《嘉禾志》记载：煮茶亭位于秀水县西南湖中，景德寺的东禅堂。宋代学士苏轼曾三次到湖中拜访文长老，在此处汲水煮茶，后人因此建亭以标记胜迹。如今煮茶亭的遗址仍然保存着。

《名胜志》：茶仙亭在滁州琅琊山，宋时寺僧为刺史曾肇建，盖取杜牧《池州茶山病不饮酒》诗“谁知病太守，犹得作茶仙”之句。子开诗云：“山僧独好事，为我结茆茨。茶仙榜草圣，颇宗樊川诗。”盖绍圣二年肇知是州也。

【解读】

《名胜志》记载：茶仙亭位于滁州的琅琊山，是宋代时寺庙的僧人为了滁州刺史曾肇所建，名称大概是取自杜牧《池州茶山病不饮酒》诗中的“谁知病太守，犹得作茶仙”这一句。曾肇有诗写道：“山僧独好事，为我结茆茨。茶仙榜草圣，颇宗樊川诗。”这大概是绍圣二年曾肇担任滁州知州时的事情。

陈眉公《珍珠船》：蔡君谟谓范文正曰：“公《采茶歌》云：‘黄金碾畔绿尘飞，碧玉瓯中翠涛起。’今茶绝品，其色甚白，翠绿乃下者耳，欲改为‘玉尘飞’‘素涛起’，如何？”希文曰：“善。”

【解读】

陈眉公在《珍珠船》中记载：蔡襄对范仲淹说：“先生的《采茶歌》中写道：‘黄金碾畔绿尘飞，碧玉瓯中翠涛起。’如今茶中的绝品色泽鲜白，翠绿色其实是品质较差的，想改为‘玉尘飞’和‘素涛起’，怎么样？”范仲淹回答说：“很好。”

又，蔡君谟嗜茶，老病不能饮，但把玩而已。

【解读】

又及，蔡襄喜欢饮茶，但由于年老多病不能饮用，只能把玩茶具欣赏而已。

《潜确类书》：宋绍兴中，少卿曹戬避地南昌丰城县，其母喜茗饮。山初无井，戬乃斋戒祝天，即院堂后斫地才尺，而清泉溢涌，后人名为孝感泉。

【解读】

《潜确类书》中有记载：宋高宗绍兴年间，少卿曹戬为躲避战乱而来到南昌丰城县，他的母亲特别喜欢喝茶。起初山里面没有水井，曹戬就斋戒祈祷上天，然后在院堂后面挖地才一尺，清泉便溢满涌了出来，后人就称这泉水为孝感泉。

大理徐恪，建人也，见贻乡信铤子茶，茶面印文曰玉蝉膏，一种曰清风使。

【解读】

大理寺卿徐恪，福建建州人，收到家乡的书信并得到赠给的铤子茶，茶饼的表面印文，一种是玉蝉膏，一种是清风使。

蔡君谟善别茶，建安能仁院有茶生石缝间，盖精品也。寺僧采造得八饼，号石岩白。以四饼遗君谟，以四饼密遣人走京师遗王内翰禹玉。岁余，君谟被召还阙，过访禹玉，禹玉命子弟于茶筒中选精品碾以待蔡。蔡捧瓯未尝，辄曰："此极似能仁寺石岩白，公何以得之？"禹玉未信，索帖验之，乃服。

【解读】

蔡襄善于鉴别茶叶的品质。建安能仁院里有茶树生长在岩石缝隙之间，这些茶叶堪称上等精品。寺僧采摘并制作成了八饼，称之为"石岩白"。以四饼赠送给蔡襄，另外四饼则秘密派人送往京城送与王禹玉。一年以后，蔡襄被召回京城，他去拜访王禹玉时，王禹玉命子弟从茶筒中挑选出精品碾制烹煮以款待蔡襄。蔡襄捧起茶杯尚未品尝，就说："这茶非常像能仁寺的石岩白，先生从哪里得到它的？"王禹玉不信，便索要当时赠茶的帖子来核对，这才信服。

《月令广义》：蜀之雅州名山县蒙山有五峰，峰顶有茶园，中顶最高处曰上清峰，产甘露茶。昔有僧病冷且久，尝遇老父询其病，僧具告之。父曰："何不饮茶？"僧曰："本以茶冷，岂能止乎？"父曰："是非常茶，仙家有所谓雷鸣者，而亦闻乎？"僧曰："未也。"父曰："蒙之中顶有茶，当以春分前后多构人力，俟雷之发声，并手采摘，以多为贵，至三日乃止。若获一两，以本处水煎服，能祛宿疾。服二两，终身无病。服三两，可以换骨。服四两，即为地仙。但精洁治之，无不效者。”僧因之中顶筑室，以俟及期，获一两余，服未竟而病瘥。惜不能久住博求。而精健至八十余，气力不衰。时到城市，观其貌若年三十余者，眉发绀绿。后入青城山，不知所终。今四顶茶园不废，惟中顶草木繁茂，重云积雾，蔽亏日月，鸷兽时出，人迹罕到矣。

【解读】

《月令广义》记载：在四川雅州的名山县蒙山矗立着五座山峰，峰顶之上有茶园，中顶的最高处被称为上清峰，出产甘露茶。从前有位僧人患冷病很久，有一次遇到一位老者询问他的病情，僧人便详细地告诉了老者。老者说：“你为什么不饮茶呢？”僧人回答：“我本以为茶性寒凉，怎么能治疗寒病呢？”老者说：“这可不是寻常的茶，仙家有一种叫雷鸣茶的，你听说过吗？”僧人表示没有听说过。老者接着说：“在蒙山的中顶上有茶，应当在春分前后多召集人手，等到打雷的声音响起时一起动手采摘，采得越多越好，采摘持续到第三天为止。如果能得到一两，用当地的水煎服，就能治愈旧病。服用二两，可以终身无病。服用三两，可以脱胎换骨。服用四两，就能成为地仙。只要精心洁净地制作和服用，没有不奏效的。”僧人听后就在中顶上建造了一间屋子，等到春分时候，采摘了一两多这种茶，还没服完病就好了。只可惜他不能长久居住在山上广泛寻找更多的茶。从此他的身体精健到八十多岁，气力不衰。有时他到城里去，人们看到他的外貌好像只有三十多岁，眉毛和头发都红里透绿。后来进入青城山，不知后来怎样了。如今蒙山的四顶茶园还没有荒废，只有中顶因为草木茂盛，云雾重重，遮蔽了日月，猛兽时常出没，所以人迹罕至。

《太平清话》：张文规以吴兴白苎、白蘋洲、明月峡中茶为三绝。文规好学，有文藻。苏子由、孔武仲、何正臣诸公，皆与之游。

【解读】

《太平清话》中记载：张文规认为吴兴的白苎茶、白洲茶以及明月峡中的茶堪称三绝。张文规勤奋好学，文采斐然。当时的名士苏辙、孔武仲、何正臣等人都曾与他交往。

夏茂卿《茶董》：刘晔，尝与刘筠饮茶，问左右："汤滚也未？"众曰："已滚。"筠云："佥曰鲧哉。"晔应声曰："吾与点也。"

【解读】

夏茂卿《茶董》中记载：刘晔曾经和刘筠一起饮茶，问身边的人："水烧滚了吗？"众人回答说："已经烧滚了。"刘筠幽默地说："众人都说鲧。"刘晔随即应声附和道："我来点茶。"

黄鲁直以小龙团半铤，题诗赠晁无咎，有云："曲几蒲团听煮汤，煎成车声绕羊肠。鸡苏胡麻留渴羌，不应乱我官焙香。"东坡见之曰："黄九恁地怎得不穷。"

【解读】

黄庭坚以半铤小龙团茶，题诗赠送给晁无咎，诗写道："曲几蒲团听煮汤，煎成车声绕羊肠。鸡苏胡麻留渴羌，不应乱我官焙香？"苏东坡看到这首诗后说："黄庭坚像这样怎么能不穷困呢。"（这里的"穷"不仅指物质上的贫穷，也暗含了黄庭坚这种超脱世俗、不慕名利、追求精神享受的生活态度，在世俗眼光中可能被视为"穷"或"不合时宜"。）

陈诗教《灌园史》：杭妓周韶有诗名，好蓄奇茗，尝与蔡君谟斗胜，题品风味，君谟屈焉。

【解读】

陈诗教在《灌园史》中记载：杭州的歌伎周韶在诗歌方面享有盛名，并且喜欢收藏珍奇茶叶，曾经与蔡襄比赛争胜，通过品鉴茶叶的风味来评判高低，蔡襄自愧不如。

江参，字贯道，江南人。形貌清癯，嗜香茶以为生。

【解读】

江参，字贯道，是江南人。身形相貌清瘦，以品饮香茶为生活的一大乐趣。

《博学汇书》：司马温公与子瞻论茶墨云："茶与墨二者正相反，茶欲白，墨欲黑；茶欲重，墨欲轻；茶欲新，墨欲陈。"苏曰："上茶妙墨俱香，是其德同也；皆坚，是其操同也。"公叹以为然。

【解读】

《博学汇书》中记载：司马光与苏轼讨论茶与墨时说："茶和墨二者正好是相反的，茶追求色泽白净，而墨则追求乌黑；茶讲究分量重实，墨却要求质地轻盈；茶讲究新鲜，墨却讲究年代久远。"苏轼回应道："上好的茶叶与优质的墨都散发着香气，这是它们品德上的相似之处；同时它们都很坚硬，这是它们品质上的共同点。"司马光听后赞叹并认同了苏轼的说法。

元耶律楚材诗《在西域作茶会值雪》，有"高人惠我岭南茶，烂赏飞花雪没车”之句。

【解读】

元代耶律楚材所作的《在西域作茶会时遇雪》一诗中，有“高人惠我岭南茶，烂赏飞花雪没车”的诗句。

《云林遗事》：光福徐达左，构养贤楼于邓尉山中，一时名士多集于此。元镇为尤数焉，尝使童子入山担七宝泉，以前桶煎茶，以后桶濯足。人不解其意，或问之，曰：“前者无触，故用煎茶，后者或为泄气所秽，故以为濯足之用。”其洁癖如此。

【解读】

《云林遗事》记载：徐达左在光福镇邓尉山中建造了一座养贤楼，当时很多有名望的士人都喜欢聚集在这里。倪瓒来往尤为频繁，他曾经让童子进山去担七宝泉水，用前桶水来煎茶，而用后桶水来洗脚。别人不理解他的用意，有人问他为什么这么做，他回答说：“前桶的水没有污染，所以用来煎茶，而后桶的水或许被童子放屁污染了，所以用来洗脚。”他的洁癖就是这样。

陈继儒《妮古录》：至正辛丑九月三日，与陈徵君同宿愚庵师房，焚香煮茗，图《石梁秋瀑》，翛然有出尘之趣。黄鹤山人王蒙题画。

【解读】

陈继儒在《妮古录》中记载：至正辛丑年九月三日，我与陈徵君一同在愚庵师房中留宿，焚香煮茶，共同绘制了一幅《石梁秋瀑》图，画中的意境有超然物外的趣味。黄鹤山人王蒙题画。

周叙《游嵩山记》：见会善寺中有元雪庵头陀《茶榜》石刻，字径三寸许，遒伟可观。

【解读】

周叙在《游嵩山记》中记载：在会善寺里见到了一块石刻的《茶榜》，是元代雪庵头陀所书。每字直径大约有三寸，字体雄健有力，非常值得观赏。

锺嗣成《录鬼簿》：王实甫有《苏小郎月夜贩茶船》传奇。

【解读】

锺嗣成《录鬼簿》记载：王实甫有《苏小郎月夜贩茶船》的传奇剧本。

《吴兴掌故录》：明太祖喜顾渚茶，定制岁贡止三十二斤，于清明前二日，县官亲诣采茶，进南京奉先殿焚香而已，未尝别有上供。

【解读】

《吴兴掌故录》记载：明太祖朱元璋喜爱顾渚茶，规定每年进贡的茶叶只限三十二斤。在清明节前两天，由县令亲自前往采摘茶叶，然后将茶叶进献给南京的奉先殿，仅用于焚香祭祀，除此之外并没有其他上供的用途。

《七修类稿》：明洪武二十四年，诏天下产茶之地，岁有定额，以建宁为上，听茶户采进，勿预有司。茶名有四：探春、先春、次春、紫笋，不得碾揉为大小龙团。

【解读】

《七修类稿》记载：明洪武二十四年，皇帝下诏令天下产茶的地方，每年要按照规定的数量定额生产茶叶，其中建宁茶叶品质最好。允许茶农自行采摘并上贡，不必通过官府预先安排。茶叶的名称有四种：探春、先春、次春、紫笋，这些茶叶不允许被碾碎揉捻制成大小龙团形状的茶饼。

杨维桢《煮茶梦记》：铁崖道人卧石床，移二更，月微明，及纸帐梅影，亦及半窗，鹤孤立不鸣。命小芸童，汲白莲泉，燃槁湘竹，授以凌霄芽为饮供。乃游心太虚，恍兮入梦。

【解读】

杨维桢《煮茶梦记》中记载：我躺在石床上，已过了二更天，月色微明，纸帐上的梅影都映到半窗，一只鹤孤单地立着不鸣叫。他命令小芸童汲取白莲泉水，又燃起湘竹当柴火，叫小芸奉上凌霄芽当茶饮。此境如飘游宇宙，恍惚间入梦乡。

陆树声《茶寮记》：园居敞小寮于啸轩埤垣之西，中设茶灶，凡瓢汲、罂注、濯、拂之具咸庀。择一人稍通茗事者主之，一人佐炊汲。客至，则茶烟隐隐起竹外。其禅客过从予者，与余相对结跏趺坐，啜茗汁，举无生话。时杪秋既望，适园无净居士，与五台僧演镇、终南僧明亮，同试天池茶于茶寮中，漫记。

【解读】

陆树声《茶寮记》中记载：我在居所的啸轩矮墙西侧搭建了一间宽敞的小茶室，里面安置了茶灶，所有用于舀水、倾倒、洗涤、拂尘等工具都准备齐全。我挑选了一位略懂茶艺的人来主持茶事，另一人则负责烧水煮茶和汲水。客人到来时，可以看到竹林外隐隐升起的茶烟。那些来访的禅僧，就与我相对结跏趺坐，品饮茶水，谈论无生无灭的佛法真谛。正值深秋十六日，我这位无净居士，与来自五台山的僧人演镇、终南山的僧人明亮，一同在这茶室中品尝天池茶，并随手记下这段经历。

《墨娥小录》：千里茶，细茶一两五钱，孩儿茶一两，柿霜一两，粉草末六钱，薄荷叶三钱。右为细末调匀，炼蜜丸如白豆大，可以代茶，便于行远。

【解读】

《墨娥小录》记载：千里茶，就是用细茶一两五钱，孩儿茶一两，柿霜一两，粉草末六钱，薄荷叶三钱。将这些材料研磨成细末并混合均匀，炼制成如白豆大小的蜜丸，可以代替茶叶来饮用，便于远行时携带和饮用。

汤临川《题饮茶录》：陶学士谓“汤者，茶之司命”，此言最得三昧。冯祭酒精于茶政，手自料涤，然后饮客。客有笑者，余戏解之云：“此正如美人，又如古法书名画，度可着俗汉手否！”

【解读】

汤临川在《题饮茶录》中写道：陶学士说“汤，是掌管茶的命运之神”，这句话深得品茶三昧。冯祭酒精于茶政，他亲自动手挑选茶叶、洗涤煎茶，然后请客人品茶。客人有取笑他的，我开玩笑地解释说：“这就像美人，又像古代的名家书法和名画一样，试想可以经过粗俗的汉子手吗？”

陆釴《病逸漫记》：东宫出讲，必使左右迎请讲官。讲毕，则语东宫官云："先生吃茶。"

**【解读】**

陆釴在《病逸漫记》中记载：太子出宫听讲，必定派侍从去迎接讲官。讲完之后，就对东宫的官员说："先生请喝茶。"

《玉堂丛语》：愧斋陈公，性宽坦，在翰林时，夫人尝试之。会客至，公呼："茶！"夫人曰："未煮。"公曰："也罢。"又呼曰："干茶！"夫人曰："未买。"公曰："也罢。"客为捧腹，时号陈也罢。

**【解读】**

《玉堂丛语》记载：南京太常寺卿陈音性格宽厚平和，在翰林任职时，夫人曾试探他。有客人来访，陈公喊道："上茶！"夫人说："没煮。"陈公说："也罢。"接着他又喊道："上干茶！"夫人说："没买。"陈公说："也罢。"客人因此捧腹大笑，当时人称"陈也罢"。

沈周《客座新闻》：吴僧大机所居古屋三四间，洁净不容唾。善瀹茗，有古井清冽为称。客至，出一瓯为供饮之，有涤肠湔胃之爽。先公与交甚久，亦嗜茶，每入城必至其所。

【解读】

沈周在《客座新闻》中记载：吴地高僧大机所居住的古屋只有三四间，洁净得不允许吐痰。他擅长烹茶，有一口古井以其清洌而著称。每当有客人来访，他就会用这口井的水烹制出一瓯茶来款待客人，这茶喝下去让人有涤肠浣胃般的清爽感觉。我的先父与他交往已久，同样也是个爱茶之人，因此每次进城都必定会到他的居所去拜访。

沈周《书岕茶别论后》：自古名山，留以待羁人迁客，而茶以资高士，盖造物有深意。而周庆叔者为《岕茶别论》，以行之天下。度铜山金穴中无此福，又恐仰屠门而大嚼者未必领此味。庆叔隐居长兴，所至载茶具，邀余素瓯黄叶间，共相欣赏。恨鸿渐、君谟不见庆叔耳，为之覆茶三叹。

【解读】

沈周在《书岕茶别论后》中写道：自古著名的大山，留以待流放迁徙的人，而茶叶则供奉高人隐士，这大概是造物主的深意吧。周庆叔撰写了《岕茶别论》一书，旨在将岕茶的美名传播到天下。我想那些看重金钱的富贵之人或许无此口福，而那些只懂得在肉铺门前大快朵颐的人也未必能领略到岕茶的独特韵味。

庆叔隐居于长兴，每到一个地方都带着茶具，邀请我到素瓯黄叶间，共同欣赏。遗憾的是陆羽和蔡襄不能见到庆叔，不禁为之倾茶三叹。

冯梦祯《快雪堂漫录》：李于鳞为吾浙按察副使，徐子与以岕茶之最精饷之。比看子与于昭庆寺问及，则已赏皂役矣。盖岕茶叶大梗多，于鳞北士，不遇宜也。纪之以发一笑。

【解读】

冯梦祯在《快雪堂漫录》中记载：李于鳞担任我们浙江的按察副使时，徐子与赠送给他最上等的岕茶。后来当李于鳞在昭庆寺遇到徐子与时询问起那茶叶，才知道已经赏给差役了。大概是岕茶的叶子较大且茶梗较多，李于鳞是北方人，无怪不被赏识。我把这件事记录下来以引人一笑。

闵元衢《玉壶冰》：良宵燕坐，篝灯煮茗，万籁俱寂，疏钟时闻，当此情景，对简编而忘疲，彻衾枕而不御，一乐也。

【解读】

闵元衢在《玉壶冰》中写道：在景色美好的夜晚安静地坐着，点亮书灯，煮上一壶好茶，四周万籁俱寂，只有稀疏的钟声偶尔传来。在这样的情景下，读书而忘却了疲惫，彻夜不眠，也是一大乐事啊。

《瓯江逸志》：永嘉岁进茶芽十斤，乐清茶芽五斤，瑞安、平阳岁进亦如之。

【解读】

《瓯江逸志》记载：永嘉县每年进贡茶芽十斤，乐清县每年进贡茶芽五斤，而瑞安和平阳县每年进贡的数量也与乐清县相同。

雁山五珍：龙湫茶、观音竹、金星草、山乐官、香鱼也。茶即明茶，紫色而香者，名玄茶，其味皆似天池而稍薄。

【解读】

雁荡山的五珍：龙湫茶、观音竹、金星草、山乐官、香鱼。其中的茶就是明茶，紫色的并且香气扑鼻，被称为玄茶，茶的味道都与天池茶相似而稍微淡薄一些。

王世懋《二酉委谭》：余性不耐冠带，暑月尤甚，豫章天气蚤热，而今岁尤甚。春三月十七日，觞客于滕王阁，日出如火，流汗接踵，头涔涔几不知所措。归而烦闷，妇为具汤沐，便科头裸身赴之。时西山云雾新茗初至，张右伯适以见遗，茶色白，大作豆子香，几与虎丘埒。余时浴出，露坐明月下，亟命侍儿汲新水烹尝之。觉沆瀣入咽，两腋风生。念此境味，都非宦路所有。琳泉蔡先生老而嗜茶，尤甚于余。时已就寝，不可邀之共啜。晨起复烹遗之，然已作第二义矣。追忆夜来风味，书一通以赠先生。

【解读】

王世懋在《二酉委谭》中记载：我生性就不能忍受戴帽子束腰带，到了夏天这种情况就更加明显。豫章的天气燥热，而今年更为严重。今春三月十七日，我在滕王阁设宴款待宾客，太阳一出就像火一样，热得人们汗流浃背，头上涔涔汗水让人不知所措。回到家后很烦闷，妻子为我准备了洗澡水，我便光头裸身去洗。当时西山新采摘的云雾茶刚好送到，张右伯恰好也送了我一些，茶叶色白，有豆香，几乎可以与虎丘茶相提并论。我洗完澡出来，便坐在明亮的月光下，急忙吩咐侍女打来新水烹煮品尝。喝下去后，感觉就像清凉的露水滋润着喉咙，两腋下仿佛有清风拂过，凉爽无比。想到这种美妙的意境风味，都不是在官场仕途中所能体会到的。蔡琳泉先生年纪已大却非常喜欢喝茶，甚至比我还痴迷。当时已就寝，不能邀请他一同品尝。第二天早上我又煮茶给他送去，但那时的茶味已经不如昨晚那么鲜美了。追忆夜间品饮的风味，我写了一封信赠给先生。

《涌幢小品》：王琎，昌邑人。洪武初，为宁波知府。有给事来谒，具茶。给事为客居间，公大呼："撤去！"给事惭而退，因号撤茶太守。

【解读】

《涌幢小品》记载：王琎是昌邑人。在洪武初年，他担任宁波知府。有给事中前来拜见，王琎准备了茶水招待。给事中却为客人说合，王琎大声喊道："把茶水撤掉！"给事中惭愧而退。因此王琎被人称为"撤茶太守"。

《临安志》：栖霞洞内有水洞，深不可测，水极甘洌，魏公尝调以瀹茗。

【解读】

《临安志》记载：栖霞洞里面有一个水洞，深不可测，泉水极其甘甜清澈，魏国公苏颂曾用此水煎茶。

《西湖志余》：杭州先年有酒馆而无茶坊，然富家燕会，犹有专供茶事之人，谓之茶博士。

【解读】

《西湖志余》记载：杭州在早些时候只有酒馆而没有茶坊，

但是富户人家在举办宴会时，仍然会有专门负责茶水事务的人，称为茶博士。

《潘子真诗话》：叶涛诗极不工而喜赋咏，尝有《试茶》诗云："碾成天上龙兼凤，煮出人间蟹与虾。"好事者戏云："此非试茶，乃碾玉匠人尝南食也。"

【解读】

《潘子真诗话》中说：叶涛的诗作并不工整，但他却非常喜欢吟诗赋词。他曾经写过一首《试茶》的诗，其中有这样的句子："碾成天上龙兼凤，煮出人间蟹与虾。"一些好事者开玩笑说："这哪里是在试茶，简直就是碾玉的匠人在品尝南方的食物。"

董其昌《容台集》：蔡忠惠公进小团茶，至为苏文忠公所讥，谓与钱思公进姚黄花同失士气。然宋时君臣之际，情意蔼然，犹见于此。且君谟未尝以贡茶干宠，第点缀太平世界一段清事而已。东坡书欧阳公滁州二记。知其不肯书《茶录》，余以苏法书之，为公忏悔。否则"蛰龙"诗句，几临"汤火"，有何罪过？凡持论不大远人情可也。

【解读】

董其昌在《容台集》中写道：蔡襄进献小团茶给朝廷，却遭到了苏轼的讥讽，苏轼认为这与钱惟演进献姚黄花一样，都失去了文人士大夫的气节。然而，从这件事中我们仍然可以看出宋朝时君臣之间的情谊是那样的深厚和谐。而且，蔡襄进贡茶叶并不是为了邀宠，只是为太平盛世增添了一段清雅之事罢了。苏轼曾书写欧阳修的《醉翁亭记》和《丰乐亭记》。知道他不肯书写蔡襄的《茶录》，我用苏轼的书法风格来书写，算是为蔡襄忏悔吧。否则苏轼《咏桧》诗中所责备的“蛰龙”，几乎使自己命在旦夕，有什么罪过呢？因此，在发表言论时，只要不能远离人之常情就可以了。

**金陵春卿署中，时有以松萝茗相贻者，平平耳。归来山馆得啜尤物，询知为闵汶水所蓄。汶水家在金陵，与余相及。海上之鸥，舞而不下，盖知希为贵，鲜游大人者。昔陆羽以精茗事，为贵人所侮，作《毁茶论》，如汶水者，知其终不作此论矣。**

【解读】

在金陵礼部署中，时常有人赠送松萝茶，但那茶味道很一般。当我回到山上的居所品尝到一种极品好茶，询问后得知这是闵汶水收藏的。闵汶水家在金陵，与我相隔不远。他就像海上飞翔的鸥鸟，翩翩起舞却不愿轻易降落人间，这大概是因为他知道稀有之物才珍贵，很少与权贵大人交往。从前陆羽因为精通茶道，反而被权贵侮辱，于是写了《毁茶论》。像闵汶水这样的人，我知道他终究是不会写出这样的文章的。

李日华《六研斋笔记》：摄山栖霞寺有茶坪，茶生榛莽中，非经人剪植者。唐陆羽入山采之，皇甫冉作诗送之。

**【解读】**

李日华《六研斋笔记》记载：摄山栖霞寺有茶坪，茶树生长在山野丛草之中，不是经过人工修剪种植的。唐代陆羽当年到山中采摘茶叶，皇甫冉曾作诗赠他。

《紫桃轩杂缀》：泰山无茶茗，山中人摘青桐芽点饮，号女儿茶。又有松苔，极饶奇韵。

**【解读】**

《紫桃轩杂缀》记载：泰山上没有茶叶，山里的人采摘青桐的嫩芽来泡茶喝，称之为女儿茶。此外还有用松苔作茶饮用，富有独特的韵味。

《锺伯敬集》：《茶讯》诗云："犹得年年一度行，嗣音幸借采茶名。”伯敬与徐波元叹交厚，吴楚风烟相隔数千里，以买茶为名，一年通一讯，遂成佳话，谓之茶讯。

【解读】

《锺伯敬集》中记载：《茶讯》一诗写道：“犹得年年一度行，嗣音幸借采茶名。”伯敬和徐元叹两人交情深厚，但他们分别身处吴地和楚地，两地相隔数千里，于是他们便以购买茶叶为名义，每年互通一次消息，这件事后来成为一段佳话，被人们称之为茶讯。

钱谦益《茶供说》：娄江逸人朱汝圭，精于茶事，将以茶隐，欲求为之记，愿岁岁采渚山青芽，为余作供。余观楞严坛中设供，取白牛乳、砂糖、纯蜜之类；西方沙门、婆罗门，以葡萄、甘蔗浆为上供，未有以茶供者。鸿渐长于苾刍者也，杼山禅伯也，而鸿渐《茶经》、杼山《茶歌》俱不云供佛。西土以贯花燃香供佛，不以茶供，斯亦供养之缺典也。汝圭益精心治办茶事，金芽素瓷，清净供佛，他生受报，往生香国。以诸妙香而作佛事，岂但如丹丘羽人饮茶，生羽翼而已哉！余不敢当汝圭之茶供，请以茶供佛。后之精于茶道者，以采茶供佛为佛事，则自余之谂汝圭始，爰作《茶供说》以赠。

【解读】

钱谦益的《茶供说》中记载：娄江的隐士朱汝圭，精通茶事，将要因茶而归隐，并希望我能为他写一篇记文，并表示愿意每年采摘渚山的青芽新茶，供奉给我。我观察在楞严坛上设供时，通常会选用白牛乳、砂糖、纯蜜等物品；而西方的沙门、婆罗门，则把葡萄、甘蔗浆视为上等的供品，却从未见过以茶作为供品的。陆羽是位佛家弟子，皎然是杼山妙喜寺的住持，但陆羽的《茶经》及皎然的《茶歌》中，都没有提到用茶来供佛。西方世界倡导佛法燃香来供佛，而不是用茶，这也是供养制度的欠缺。朱汝圭更加精心地筹备茶事，用金芽般的茶叶和素雅的瓷器，清净供佛，愿他在来生能因此得到善报，往生于香国。用各种妙香而作佛事，难道仅仅像丹丘的羽人饮茶后生出羽翼而已？我不敢接受朱汝圭以茶为我的供奉，但我提议以茶来供佛。今后，若有精通茶道的人，想要以采茶供佛作为佛事，那就从我告知朱汝圭开始。于是写下这篇《茶供说》来赠予他。

《五灯会元》：摩突罗国有一青林，枝叶茂盛，地名曰优留茶。

【解读】

《五灯会元》记载：在摩突罗国有一苍翠的树林，它的枝叶长得非常茂盛，地名叫优留茶。

僧问如宝禅师曰：“如何是和尚家风？”师曰：“饭后三碗茶。”僧问谷泉禅师曰：“未审客来，如何祇待？”师曰：“云门胡饼，赵州茶。”

**【解读】**

有僧人问如宝禅师说：“和尚的家风是怎样的呢？”如宝禅师回答说：“饭后三碗茶。”僧人又问谷泉禅师说：“如果有客人来访，应该如何招待呢？”谷泉禅师回答说：“就像用云门胡饼或者赵州茶一样简单而真挚地招待。”

《渊鉴类函》：郑愚《茶诗》：“嫩芽香且灵，吾谓草中英。夜臼和烟捣，寒炉对雪烹。”因谓茶曰草中英。

**【解读】**

《渊鉴类函》记载，郑愚的《茶诗》写道：“嫩芽香且灵，吾谓草中英。夜臼和烟捣，寒炉对雪烹。”因此，人们便称茶为草木中的精英。

素馨花曰裨茗，陈白沙《素馨记》以其能少裨于茗耳。一名那悉茗花。

【解读】

素馨花又被称为裨茗，陈白沙在《素馨记》中的描述，因为它能在泡茶时稍微增添一些香气，对茶的味道有所助益而得名。此外，素馨花还有一个名字叫那悉茗花。

《佩文韵府》：元好问诗注："唐人以茶为小女美称。"

【解读】

在《佩文韵府》中，有关于元好问诗句的注解是："唐朝人将茶作为对年轻女子的美称。"

《黔南行记》：陆羽《茶经》纪黄牛峡茶可饮，因令舟人求之。有媪卖新茶一笼，与草叶无异，山中无好事者故耳。

【解读】

《黔南行记》记载：陆羽在其所著的《茶经》中提到黄牛峡的茶可以饮用，于是我便吩咐船夫去寻求。一位老妇人卖新茶一笼，看起来与普通的草叶并无差异，想必是因为山中没有好茶事的人而已。

初余在峡州问士大夫黄陵茶，皆云粗涩不可饮。试问小吏，云："唯僧茶味善。"令求之，得十饼，价甚平也。携至黄牛峡，置风炉清樾间，身自候汤，手揺得味。既以享黄牛神，且酌元明、尧夫，云："不减江南茶味也。"乃知夷陵士大夫以貌取之耳。

【解读】

起初我在峡州询问士大夫黄陵茶怎么样，他们都说那茶口感粗涩而不可饮用。我试着向小吏打听，他说："只有寺庙里的茶味道才好。"于是我让人去求购，得到了十饼茶，价格还很公平。我带着这些茶到了黄牛峡，放置风炉在树荫之间，亲自煎水候汤，亲手搓茶试味。以茶祭祀黄牛神后，还斟了一些茶来敬献给元明和尧夫，说道："这茶的味道丝毫不逊于江南的茶啊。"由此可知，夷陵的士大夫们只是凭外观来判断黄陵茶。

《九华山录》：至化城寺，谒金地藏塔，僧祖瑛献土产茶，味可敌北苑。

【解读】

在《九华山录》中记载：我到达化城寺后，拜谒金地藏塔。寺中的僧人祖瑛献出了土产茶，味道可以与北苑茶相媲美。

冯时可《茶录》：松郡佘山亦有茶，与天池无异，顾采造不如。近有比丘来，以虎丘法制之，味与松萝等。老衲亟逐之，曰：“毋为此山开膻径而置火坑。”

【解读】

冯时可在《茶录》中写道：松江府佘山也出产茶叶，其品质与天池茶无差异，只是在采摘制造不如天池茶。最近有位僧人来到这里，用虎丘茶的制茶方法来制作佘山茶，结果味道与松萝茶等同。然而，一位老僧却急忙制止了他，并说道：“不要为了这点利益就给这座山开辟一条充满世俗气息的道路，从而让它陷入火坑啊。”

冒巢民《岕茶汇钞》：忆四十七年前，有吴人柯姓者，熟于阳羡茶山，每桐初露白之际，为余入岕，箬笼携来十余种。其最精妙者，不过斤许数两耳。味老香深，具芝兰、金石之性。十五年以为恒。后宛姬从吴门归余，则岕片必需半塘顾子兼，黄熟香必金平叔，茶香双妙，更入精微。然顾、金茶香之供，每岁必先虞山柳夫人、吾邑陇西之蒨姬与余共宛姬，而后他及。

【解读】

冒巢民在《岕茶汇钞》中记载：回想起四十七年前，有一位姓柯的吴地人士，他非常熟悉阳羡的茶山。每当桐树刚开始露出白色花朵的时候，他就会为我进入岕山，用箬笼带来十余种茶叶。其中最为精妙的茶叶，不过是一斤多或数两。这些茶叶味道醇厚，具有芝兰和金石的品性。十五年以来都是如此。后来董小宛从苏州嫁给我，岕茶的制作就必定要依赖半塘的顾子兼了，而黄熟香的制作则必定要找金平叔。茶叶和香料的品质都极为出色，达到了更加精妙的境界。然而，顾子兼和金平叔所供的茶香，每年必定是先送给虞山的柳夫人、我们邑中的陇西之蒨姬以及我和夫人董小宛，然后才轮到其他人。

金沙于象明携岕茶来，绝妙。金沙之于精鉴赏，甲于江南，而岕山之棋盘顶，久归于家，每岁其尊人必躬往采制。今夏携来庙后、棋顶、涨沙、本山诸种，各有差等，然道地之极真极妙，二十年所无。又辨水候火，与手自洗，烹之细洁，使茶之色香性情，从文人之奇嗜异好，一一淋漓而出。诚如丹丘羽人所谓饮茶生羽翼者，真衰年称心乐事也。

【解读】

金沙于象明携岕茶来访，品质绝妙。金沙于氏在江南地区以精于茶的鉴赏而出名，而岕山的棋盘顶这一顶级茶产地，也早已归于他家所有。每年，他的父亲都会亲自前往那里采摘并制作茶叶。今年夏天，他带来了庙后、棋盘顶、涨沙、本山等多个产地的茶叶，虽然各有千秋，但其中地道至极、美妙绝伦的茶叶，却是二十年来所罕见的。他还非常讲究泡茶的水质、火候，以及亲手洗涤茶具，整个过程细致而洁净。这使得茶叶的色泽、香气、口感和韵味，以及文人墨客们对茶的独特嗜好和偏好，都得以淋漓尽致地展现出来。这真的就像丹丘羽人所说的那样，饮茶能让人生出羽翼。对我来说，这确实是晚年生活中令人称心如意、乐在其中的一大美事。

吴门七十四老人朱汝圭，携茶过访。与象明颇同，多花香一种。汝圭之嗜茶，自幼如世人之结斋于胎年，十四入岕，迄今春夏不渝者百二十番，夺食色以好之。有子孙为名诸生，老不受其养。谓不嗜茶，为不似阿翁。每竦骨入山，卧游虎虺，负笼入肆，啸傲瓯香。晨夕涤瓷洗叶，啜弄无休，指爪齿颊与语言激扬赞颂之津津，恒有喜神妙气与茶相长养，真奇癖也。

**【解读】**

吴门有位七十四岁的老人名叫朱汝圭，带着茶叶前来拜访我。他的茶与于象明的茶颇为相似，而且在茶香中还能多品出一种花香。朱汝圭对茶的喜爱，可以说是从小如同吃素的人一样，十四岁就进入岕山采茶，到如今无论是春夏从未改变，已经多达一百二十多次了，他甚至为了茶而牺牲了饮食和享乐，将茶视为生命中不可或缺的一部分。他的儿子是有名的生员，但他却不愿接受其赡养。因为他们不喜欢饮茶，不像他们的父亲一样。朱汝圭经常冒着生命危险进入山中，与虎豹为伍，背着茶篓穿梭于茶市之间，享受着与茶香相伴的逍遥自在。每天早晚，他都会仔细清洗茶具和茶叶，品茶不停，他的手指、指甲、牙齿、脸颊以及言语之间，都充满了对茶的赞美和颂扬，那种喜悦和神奇的气息与茶一同生长，真的是一种奇特的癖好。

《岭南杂记》：潮州灯节，饰姣童为采茶女，每队十二人或八人，手挈花篮，迭进而歌，俯仰抑扬，备极妖妍。又以少长者二人为队首，擎彩灯，缀以扶桑、茉莉诸花。采女进退作止，皆视队首。至各衙门或巨室唱歌，赉以银钱、酒果。自十三夕起，至十八夕而止。余录其歌数首，颇有《前溪》《子夜》之遗。

【解读】

《岭南杂记》中记载：在潮州的灯节期间，人们会装扮娇美的孩童为采茶女，每队由十二人或八人组成，手中提着精美的花篮，递进而唱歌，身体随着歌声俯仰抑扬，非常艳丽。队伍的前面，还会安排两位年龄一老一少的领队，举着点缀着扶桑花、茉莉花等各种花卉的彩灯。采茶女们的进退动作，都是依据这两位领队的指示来进行的。到了各个衙门或大户人家门前表演唱歌时，会赏以银钱、酒水和果品。这样的活动从农历正月十三日晚上开始，一直持续到正月十八日晚上才结束。我记录下了她们所唱的几首歌曲，发现它们颇有古代《前溪》和《子夜》等乐曲的遗风。

周亮工《闽小记》：歙人闵汶水，居桃叶渡上，予往品茶其家，见其水火皆自任，以小酒盏酌客，颇极烹饮态，正如德山担《青龙钞》，高自矜许而已，不足异也。秣陵好事者，尝诮闽无茶，谓闽客得闵茶，咸制为罗囊，佩而嗅之以代旃檀。实则闽不重汶水也。闽客游秣陵者，宋比玉、洪仲章辈，类依附吴儿强作解事，贱家鸡而贵野鹜，宜为其所诮欤！三山薛老亦秦淮汶水也。薛尝言汶水假他味作兰香，究使茶之真味尽失。汶水而在，闻此亦当色沮。薛尝住屴崱，自为剪焙，遂欲驾汶水上。余谓茶难以香名，况以兰定茶，乃咫尺见也，颇以薛老论为善。

【解读】

周亮工在《闽小记》中记载：歙县人闵汶水，居住在桃叶渡边。我曾前往他家品茶，见他亲自操作烧水烹茶，用小酒盏给客人斟茶，极尽烹茶饮茶的讲究姿态，就像德山禅师担着《青龙钞》经书一样，不过是自视清高而已，不足为奇。秣陵有些好事的人，曾经嘲笑福建没有好茶，说福建的客人得到闵汶水的茶后，都把它装进罗囊里，佩戴在身上代替檀香。但实际上福建人并不看重闵汶水的茶。那些到秣陵游历的福建人，如宋比玉、洪仲章等人，往往依附于当地的吴地人士，勉强装作很懂茶道的样子，轻视本地的茶而推崇外来的茶，难怪会被当地人嘲笑呢！三山的薛老也是秦淮河边的闵汶水。薛老曾说闵汶水在茶中添加了其他味道来模拟兰花香，反而让茶失去了原本的味道。如果闵汶水还在世，听到这样的话也一定会脸色沮丧。薛老曾住在陡峭的山上，自己亲手采摘烘焙茶叶，想要超越闵汶水的茶艺。我认为茶很难靠香气而闻名，更何况用兰花的香气来评定茶的优劣，这实在是短视之见，所以我赞同薛老的观点。

**延邵人呼制茶人为碧竖，富沙陷后，碧竖尽在绿林中矣。**

**【解读】**

延平人、邵武人称呼制作茶叶人为碧竖，富沙沦陷之后，这些制作茶叶的人都成了绿林好汉。

**蔡忠惠《茶录》石刻在瓯宁邑庠壁间。予五年前拓数纸寄所知，今漫漶不如前矣。**

**【解读】**

蔡襄所著《茶录》的石刻位于瓯宁县学的墙壁上。我五年前曾经拓了多张寄送给知己，如今已经变得模糊不清，远远不如以前了。

**闽酒数郡如一，茶亦类是。今年予得茶甚夥，学坡公义酒事，尽合为一，然与未合无异也。**

【解读】

福建几个郡的酒都差不多，茶也是如此。今年我得到了很多茶叶，效仿苏东坡品酒的做法，尝试将所有的茶叶混合在一起，然而混合后的茶与未混的并无太大差别。

李仙根《安南杂记》：交趾称其贵人曰翁茶。翁茶者，大官也。

【解读】

李仙根在《安南杂记》中记载：交趾人称呼富贵之人为“翁茶”。这里的“翁茶”指的是大官。

《虎丘茶经补注》：徐天全自金齿谪回，每春末夏初，入虎丘开茶社。

【解读】

《虎丘茶经补注》记载：徐天全从金齿被贬回家后，每到春末夏初的时候，就会到虎丘去开茶社。

罗光玺作《虎丘茶记》，嘲山僧有替身茶。

【解读】

罗光玺撰写了《虎丘茶记》，在文中他嘲讽山里僧人有替身茶。

吴匏庵与沈石田游虎丘，采茶手煎对啜，自言有茶癖。

【解读】

吴宽与沈周一同游览虎丘时，亲自采摘茶叶并煎茶对饮，吴宽自称有品茶的嗜好。

《渔洋诗话》：林确斋者，亡其名，江右人。居冠石，率子孙种茶，躬亲畚锸负担，夜则课读《毛诗》《离骚》。过冠石者，见三四少年，头着一幅布，赤脚挥锄，琅然歌出金石，窃叹以为古图画中人。

【解读】

《渔洋诗话》中记载：林确斋这个人，已经不知道他的真实姓名了，江西人。他居住在冠石，率领子孙们种植茶树，亲自肩挑背扛挖运泥土，晚上则给子孙们讲授《诗经》和《离骚》。路过冠石的人，看到三四位少年，头裹一幅布，光着脚挥动锄头，歌声响亮如同金石之声，私下里感叹这是古代图画中的人物。

《尤西堂集》有《戏册茶为不夜侯制》。

**【解读】**

《尤西堂集》中有一篇名为《戏册茶为不夜侯制》的文章。

朱彝尊《日下旧闻》：上巳后三日，新茶从马上至，至之日宫价五十金，外价二三十金。不一二日，即二三金矣。见《北京岁华记》。

**【解读】**

朱彝尊在《日下旧闻》中记载：上巳节过后的第三天，新茶就被快马送到京城。到达之日宫廷里的价格是五十两，而市面上的价格则是二三十两。但不过一两天，价格就降到了二三两。这一记载也可见于《北京岁华记》。

《曝书亭集》：锡山听松庵僧性海，制竹火炉，王舍人过而爱之，为作山水横幅，并题以诗。岁久炉坏，盛太常因而更制，流传都下，群公多为吟咏。顾梁汾典籍仿其遗式制炉，及来京师，成容若侍卫以旧图赠之。丙寅之秋，梁汾携炉及卷过余海波寺寓，适姜西溟、周青士、孙恺似三子亦至，坐青藤下，烧炉试武夷茶，相与联句成四十韵，用书于册，以示好事之君子。

【解读】

《曝书亭集》记载：在无锡惠山寺听松庵有位性海的僧人，制作了一个竹火炉，王舍人偶然间见到这个火炉，非常喜欢，于是创作了山水横幅画作，并在画上题写了一首诗。年岁久了那个火炉损坏了，盛太常见状便仿照原样重新制作了一个火炉，这个新制的火炉后来在京城流传开来，许多文人雅士都为之赋诗吟咏。

顾梁汾根据典籍官模仿那个旧火炉的样式制作了一个，当他来到京城时，纳兰性德将原先的那幅山水画作赠送给了他。丙寅年的秋天，顾梁汾带着新制的火炉和那幅画作来到我寓居的海波寺，刚好姜西溟、周青士、孙恺似这三位朋友也来了，坐在青藤下，烧炉烹试武夷茶叶，一边品茶一边联句作诗，共得四十韵。随后，我们将这些诗句书写在册页上，以此来展示给那些同样喜好雅事的君子们欣赏。

**蔡方炳《增订广舆记》：湖广长沙府攸县，古迹有茶王城，即汉茶陵城也。**

【解读】

蔡方炳所著的《增订广舆记》中记载：在湖广长沙府的攸县，有一处古迹名为茶王城，这其实就是汉朝时期的茶陵城。

葛万里《清异录》：倪元镇饮茶用果按者，名清泉白石。非佳客不供。有客请见，命进此茶。客渴，再及而尽，倪意大悔，放盏入内。

【解读】

葛万里在《清异录》中记载：倪元镇在饮茶时要加进果子，称为清泉白石。不是贵客不提供。一次有客人来访，倪元镇便命人上了这种茶。客人因为口渴，两口饮完，倪元镇心中大为懊悔，于是把茶盏收起进入了内室。

黄周星九烟梦读《采茶赋》，只记一句云："施凌云以翠步。"

【解读】

黄周星在梦中阅读《采茶赋》，只记得其中一句话，说的是："施凌云以翠步。"

《别号录》：宋曾几吉甫，别号茶山。明许应元子春，别号茗山。

【解读】

《别号录》中记载：宋朝的曾几，字吉甫，别号茶山。明朝的许应元，字子春，别号茗山。

《随见录》：武夷五曲朱文公书院内有茶一株，叶有臭虫气，及焙制出时，香逾他树，名曰臭叶香茶。又有老树数株，云系文公手植，名曰宋树。

【解读】

《随见录》中记载：武夷山五曲朱文公书院内有一株茶树，它的叶子带有一种类似臭虫的气味，但经过烘焙制作后，其香气远远超过其他茶树，这种茶被称为臭叶香茶。还有几株老茶树，据说是文公亲手种植的，因此被称为宋树。

（补）《西湖游览志》：立夏之日，人家各烹新茗，配以诸色细果，馈送亲戚比邻，谓之七家茶。

【解读】

（补充）《西湖游览志》中记载：在立夏这一天，家家户户都会烹制新茶，并搭配各种精细的果品，馈赠给亲戚朋友和邻居，被称为七家茶。

南屏谦师，妙于茶事，自云得心应手，非可以言传学到者。

【解读】

南屏谦师是一位茶艺高手，非常擅长茶道，他自称对茶艺的掌握已经得心应手，这种境界不是仅凭言语传授或学习就能达到的。

刘士亨有《谢璘上人惠桂花茶》诗云：“金粟金芽出焙篝，鹤边小试兔丝瓯。叶含雷信三春雨，花带天香八月秋。味美绝胜阳羡种，神清如在广寒游。玉川句好无才续，我欲逃禅问赵州。”

【解读】

明朝隐士刘士亨有《谢璘上人惠桂花茶》诗写道：“金粟金芽出焙篝，鹤边小试兔丝瓯。叶含雷信三春雨，花带天香八月秋。味美绝胜阳羡种，神清如在广寒游。玉川句好无才续，我欲逃禅问赵州。”

李世熊《寒支集》：新城之山有异鸟，其音若箫，遂名曰箫曲山。山产佳茗，亦名箫曲茶。因作歌纪事。

【解读】

明末清初文学家李世熊在《寒支集》中写道：新城的山上有

一种奇特的鸟，它的叫声宛如箫声，因此人们将这座山命名为箫曲山。这座山出产优质的茶叶，也被称为箫曲茶。因此创作了一首歌来记录这件事。

《禅玄显教编》：徐道人居庐山天池寺，不食者九年矣。畜一墨羽鹤，尝采山中新茗，令鹤衔松枝烹之。遇道流，辄相与饮几碗。

【解读】

《禅玄显教编》中记载：徐道人居住在庐山的天池寺中，已经有九年没有进食了。他养了一只羽毛乌黑的鹤，常常到山中采摘新鲜的茶叶，然后让这只鹤衔来松枝烹煮。每当遇到同道中人，就共同品饮几碗茶。

张鹏翀《抑斋集》有《御赐郑宅茶赋》云："青云幸接于后尘，白日捧归乎深殿。从容步缓，膏芬齐出螭头；肃穆神凝，乳滴将开蜡面。用以濡毫，可媲文章之草；将之比德，勉为精白之臣。"

【解读】

张鹏翀的《抑斋集》中有一篇《御赐郑宅茶赋》写道："郑宅茶位高显达追随者很多，因受到君主重视而进入宫殿。从容步缓，茶膏浓香齐出龙形图案，神情肃穆集中，凝视着茶饼上的乳滴状花纹即将在蜡封的封面上绽开。用这样的好茶来湿润毛笔，可以媲美书写文章的草书之美；将它与人的品德相比，我要勉励自己成为一位纯洁忠诚的大臣。”